금융이론

(취업·실무)

이건희(李健熙)

학력 : 서울대학교 사회대학 인류학과, 외교학과(부) 졸업
       미국 University of Kansas 경제학석사(국제금융)
       경기대학교 대학원 경영학박사

경력 : 해군사관학교 교수부 전산담당(OCS 70차 ; 중위)
       IBK기업은행 군포, 평리동, 돈암동, 청계7가 지점장
       IBK경제연구소 수석연구위원
       국민대학교 경영학부 교수 (2013 ~ 2019년 정년퇴임)
현재   금융칼럼니스트
       한국신용카드학회 이사, 한국기업경영학회 이사

금융이론

취업·실무

저자 이건희

금융이론(취업·실무)　　　　　이건희 저

과감하게 기존의 책에 나와 있는 내용이나 평범한 상식 등은 줄였다.

군더더기 말도 줄이고 간결하게 핵심만 기술하였다.

왜 질문식 인가?　아는 내용도 물어보면 사고가 정리되지 않아
　　당황하게 된다.

의미와 생각의 깊이를 더하기 위하여 문답식으로 만들었다.

문답식의 면접이나 문제에도 특별한 훈련이나 순간적인 추론이 필요하기
　　때문이다.

또한, 횡적으로 종적으로 연관하여 공부할 수 있는 기회가 되어 금융전략
　　사고력 증진에 도움이 된다.

2022. 1. 31.

저자　이건희 올림

금융회사 취업공고
2021-11-26 일자 [제 21-46 호]
[최신 금융정보] 한국금융연구원 <sender@kif.re.kr> 참조

기관	채용부문	경력여부	마감일
이지스자산운용 경영지원부문	경영기획실 IT팀	경력	2021-11-26
KTB투자증권	증권업무개발	경력	2021-11-28
마스턴투자운용	개발부문	경력	2021-11-28
무궁화신탁	공개채용	경력	2021-11-28
신영증권 리서치센터	제약/바이오 분석 애널리스트	경력	2021-11-28
이베스트투자증권	경력직 총 3개부문	경력	2021-11-28
한국투자신탁운용	컴플라이언스실	경력	2021-11-29
KB자산운용	커뮤니케이션본부	경력	2021-11-30
KG제로인	CS개발팀	경력	2021-11-30
RG자산운용	RM회계팀	경력	2021-11-30
국제자산운용	리츠사업본부	경력	2021-11-30

　　　　리츠사업본부 : 부동산 펀드사업

키움증권	ICT본부 업무개발팀	경력	2021-11-30
페블스톤자산운용	투자운용본부 AM경력직	경력	2021-11-30
한국투자신탁운용	IT전략팀 행정직 경력직원	경력	2021-11-30
한국투자신탁운용	운용지원실 계약직원	경력	2021-11-30
한양증권	AI운용본부 업무부문	경력	2021-11-30

　　　　AI운용본부 ;　인공지능을 이용한 업무 개발

흥국자산운용	대체투자본부	경력	2021-11-30

　　　대체투자본부 : 주식, 채권 중심이 아니라 부동산, 헤지펀드 등 다양한 투자

오하자산운용	컴플라이언스	경력	2021-12-03

컴플라이언스 : 영업상 법률문제, 부정 감시를 담당하는 직원

한화투자증권　　신탁팀 해외채권분야　　경력　　2021-12-03
코레이트자산운용　마케팅본부 (리테일마케팅)　경력　　2021-12-04
미래에셋자산운용　수시채용(인턴/경력) 경력　　2021-12-05
삼성액티브자산운용　　글로벌 리서치　경력　　2021-12-05
유진투자선물　　　선물영업　　　경력　　2021-12-05
IBK자산운용　　채권운용본부 구조화운용팀　　경력　　2021-12-06
KDB인프라자산운용　　펀드관리　　경력　　2021-12-06
신한은행/디지털 커뮤니케이션 전문인력　　경력　　2021-12-06
파인밸류자산운용　　　투자본부　　경력　　2021-12-06
하나은행　　　수시채용 신탁파트 ETF전문가　경력　　2021-12-07
흥국자산운용　　　마케팅기획　　경력　　2021-12-07
디에스네트웍스자산운용　투자운용　　경력　　2021-12-10
한국투자공사　　2021년 부동산투자실장 경력　　2021-12-10
트리니티자산운용 운용본부 신입사원　　　경력　　2021-12-12
글로벌원자산운용　　　캐피탈마켓본부　　경력　　2021-12-15

A. 왜 스왑(Swap)의 신용 리스크는 대출의 신용 리스크보다 낮은가?

　스왑의 신용 리스크는 다음의 이유처럼 대출의 신용 리스크보다 더 낮다. 스왑은 대부분 원금 지급액의 교환을 포함하지 않고 단지 이자지급액만 교환한다. 그래서 손실을 입는 거래자들은 이자 지급액의 차이이다. 한 쪽 거래자가 모든 지급액을 상계시키는 지급액은 갱신시 네팅을 한 후 지급된다.

B. 금융기관이 직면하는 4가지 외환리스크는 무엇인가?

　① 해외증권에서의 거래
　② 외화 대출을 만드는 것
　③ 외화로 표시된 부채의 문제
　④ 안전성이 문제된 외화를 사는 것

C. 금융 리스크의 종류

　1) 신용 리스크 : 채무자의 부도, 거래상대방의 계약불이행 등 채무불이행으로 인하여 발생하는 리스크이며 신용편중리스크는 신용 리스크의 일부로서, 리스크요소(국가, 산업, 지역, 상품유형 등)의 편중에 의해 발생하는 위험이다.
　2) 시장 리스크 : 금리, 환율, 주가 등 시장가격의 불리한 변동으로 인해 발생하는 위험이다.
　3) 운영 리스크 : 부적절하거나 잘못된 내부의 절차, 인력 및 시스템 또는 외부의 사건으로 인하여 발생하는 위험이다.
　4) 금리 리스크 : 자금의 조달과 운용의 금리가 변동하거나 만기의 불일치에 의해 시장금리가 변동함에 따라 발생하는 위험이다.
　5) 유동성 리스크 : 자금의 조달과 운용의 규모와 시점이 일치하지 않아 자금부족 또는 지급불능에 의해 발생하는 위험이다.
　6) 부외거래 리스크 : 조건부 자산과 부채와 관련된 부외거래의 활동의 결과로써 발생되는 리스크로 보증, 신용장 발급, 파생상품 거래 등에

의하여 생긴다.

7). 외환리스크 - 환율 변동으로 외국 통화로 표시된 금융기관의 자산과 부채들의 교환 가치에 영향을 주는 리스크이다.

8). 국가 리스크 - 특정한 국가나 정부의 제재, 간섭, 방해 등으로 인해 외국 채권자나 투자자에게 지급되어야 할 자금이 중단되는 위험이다.

9). 기술 리스크 - 금융기관의 기술적인 여러 가지 문제로 발생되는 것으로 운영리스크와 유사한 위험이다.

10). 운영 리스크 - 존재하는 기술 또는 업무 시스템이 제 기능을 발휘하지 않고 오류가 발생하거나 임직원의 범죄, 허리케인이나 홍수같은 금융기관의 활동에 위험을 초래하는 것이다.

11). 지급불능 리스크 - 금융기관의 부채와 관련된 자산의 교환 가치에 갑작스런 하락을 보충하기 위한 충분한 자금이 없을 때 대외채무를지급을 하지 못하여 부도가 발생하는 위험이다.

D. 운영 리스크

기술리스크와 운영리스크는 밀접히 관련되어 있고 최근에 금융기관 경영자와 감독당국 모두에게 중요한 관심사항이 되었다. 세계 주요 국가들의 중앙은행들 기구인 국제결제은행(BIS)은 기술리스크를 포함하는 개념으로 운영리스크를 "부적절하거나 작동하지 않는 내부과정, 인력, 시스템 또는 외부의 사건들 때문에 발생하는 직접적 또는 간접적인 손실리스크"라고 정의하고 있다. 많은 금융기관들은 평판리스크(Reputation Risk)와 전략리스크(strategic risk)를 포함하여 운영리스크를 보다 넓게 정의한다. 최근 기술혁신은 금융기관의 주요 성장분야이다. 1990년대와 2000년대의 은행, 보험회사, 투자회사들은 통신시스템, 컴퓨터, 기술기반시설확충에 투자하여 운영효율성을 개선하고자 노력하였다. 예를 들어, 대부분의 은행들은 예금자들에게 가정의 개임컴퓨터를 통하여 계좌잔고를 확인하고, 계좌 간에 자금을 이체하고, 재정을 관리하고, 청구서를 지불할 수 있도록 하는 서비스를 제공한다. 도매금융 수준에 ACH(Automated Clearing House), CHIPS(Clearing House Interbank Payment Systems)와 같은 전자 자금이체 결제망을 통한 이체시스템이 개발되었다. Citigroup과 같은 글로벌 금융서비스회사는 자신이 소유한 인공위성을 이용하여 100개국 이상에서 실시간으로 영업활동을 전개하고 있다. 기술기반을 확충하는 주요 목적은 운영경비를 감소시키고 이익을 증대시키며 새로운 시장을 확보하기 위해서이다. 기술기반을 확충하는 주요 목적은 금융기관이 자기의 산출물을 판매하는데 있어서 잠재적인 규모의 경제와 범위의 경제를 가능한 한 충분히 활용할 수 있도록 하는 것이다. 이러한 기술의 발달로 인하여 비전통적인 금융기관들의 진입이 쉽게되어 금융서비스 제공을 둘러싼 서비스경쟁이 치열하게 되었다. 규모의 경제는 금융기관이 금융서비스의 생산량을 증가시킬 때 평균운영비용을 감소시킬 수 있는 것을 의미한다. 범위의 경제는 동일한 투입요소들을 사용하여 두 종류 이상의 산출물들을 생산함으로써 비용시너지를 발생시킬 수 있다는 것을 의미한다. 예를 들면, 금융기관은 대출상품과 보험상품의 판매를 증대시키기 위해 자신의 컴퓨터에 저장된 고객에 대한 동일한 정보를 사용할 수 있다. 즉 동일한 정보(예를 들면, 연령, 직업, 가족수, 소득)가 잠재적인 대출고객과 생명보험고객들을 판별해 낼 수 있다. 사실 이러한 범위의 경제를 보다 잘 활용하기 위한 의도가 은행, 증권 및 보험 분야에서 1억 명 이상의 고객을 가지고 있는 Citigroup을 탄생시킨 Citicorp와 Travelers의 합병과 같은 초대형 합병의 동기이다. 기술리스크(Technology risk)는 기술투자가 규모의 경제 또는 범위의 경제 형태로 기대되었던 비용절감을 창출하지 못할 때 발생한다. 예를 들면, 규모의 비경제(diseconomies of scale)는 과다한 용량규모, 불필요한 기술, 금융기관의 규모가 커지면서 악화되는 조직차원의 비효율성, 관료적 비효율성 때문에 발생한다. 범위의 비경제(diseconomies of scope)는 금융기관이 신규투자를 통하여 예상된 시너지를 또는 비용절감을 창출하지 못할 때 발생한다. 기술리스크는 금융기관의 경쟁효율성을 크게 약화시킬 수 있으며, 금융기관을 파산시킬 수 있다. 이와 유사하게 기술투자는 금융기관으로 하여금 장기적 생존 가능성을 증가시키는 새롭고 혁신적인 상품을 개발할 수 있도록 할 뿐만 아니라. 경쟁 금융기관보다 우월한 경영성과를 창출할 수 있게 해준다.

운영리스크(operational risk)는 부분적으로는 기술리스크와 연관되어 있으며, 기존 기술이 오작동하거나 백오피스 지원시스템이 붕괴할 때 발생할 수 있다. 2001년 9월 Citigroup의 자회사인 Citibank의 ATM이 장기간 정지하여 백오피스시스템이 작동하지 않은 것은 그 한 예이다. 은행의 전국적인 2,000여개의 ATM과 함께, 직불카드기능과 온라인 뱅킹시스템이 거의 2영업일이나 작동하지 않았던 것이다. 보다 최근인 2005년 2월에는 BOA(Bank of America)가 안전한 데이터 저장소로 자료를 이전하던 중 1,200만명 연방정부직원들의 이름과 사회보장번호 등의 개인정보를 담은 컴퓨터 백업 테이프를 분실했다고 발표하였다. 2011년 4월12일 농협에 전산의 시스템이 마비되어 그 원인이 어떤 형태의 전산망 서버 비밀번호를 사용하고 이를 수시로 변경하지 않은 것으로 추정되었다. 카드업무의 복구가 지연되는 가운데 거래내역의 일부 손실이 확인됐기 때문에 백업데이터를 이용해 복원하는데 장시간이 소요되고 있고 전산망 복구를 95% 가량 마친 상황이다. 다만 가맹점 카드 결제업무의 경우 지난 주말부터 복구에 나서 원장 자체의 복구는 마쳤지만 데이터량이 워낙 많아 검증자체에 시간이 걸리고 있는 상황이다. 사건 발생이 후 현재까지 전산장애로 인한 피해신고는 총 31만1000건에 달했다. 이중 30만9000건은 복구지연에 따른 이용불편 등 단순 불만사항이고 피해보상 요구는 총 920건으로 집계됐다. 고객지원센터를 비상체제로 전환 운용하고 있으며, 영업점과 민원접수센터에서도 민원접수에 나서고 있다. 농협은 일단 전산장애에 관련해 발생한 연체이자와 이체수수료 등은 민원 접수와 상관

없이 100% 보상할 계획이다.

　BOA는 매우 고도화된 장치와 기술 없이는 이 테이프로부터 계좌번호나 주소 등 내용을 추출하지는 못할 것이라고 했지만, 이 분실된 테이프가 비합법으로 거래될 수 있다는 가능성을 배제할 수는 없었다. 이러한 컴퓨터시스템의 고장이나 자료분실은 자주 발생하지는 않지만, 한 번 발생하면 해당 금융기관들에게는 큰 혼란을 야기시키고, 심하면 전체 금융시스템을 마비시킬 수도 있다.

　운영리스크는 기술적인 실패 이외의 요인 때문에 발생할 수 있다. 예를 들어 종업원의 사기나 오류는 금융기관의 명성을 떨어뜨리는 운영리스크의 한 유형이다. 수년간의 검찰조사 후 2006년 8월 미 법무부는 전직 직원이 회사 고객들의 부정한 뮤추얼펀드 거래를 도와준 혐의를 받고 있는 Prudential Financial에게 6억 달러의 벌금을 부과하기도 했다. 다른 예로서, 미 연방판사는 이익이 난 거래를 자기 계정에 넣고 손실이 난 거래는 고객의 계정에 넣은 죄로 기소된 펀드매너저 Alan Bond에게 징역판결을 내렸다. 금융기관 직원들의 이러한 사기행위는 금융기관들의 명성을 실추시키며 따라서 영업도 저해하는 결과를 초래한다. 일반 영업점 업무의 사무처리상 피담보 채권이 없는 저당권 담보물, 예금 잔액 증명서의 발급을 취소, 70세 이상 실적배당상품 신규 고객수, 당일중 원장 수정 등의 항목도 운영리스크에 포함되는 실무상의 주의사항이다.

　기술리스크와 운영리스크의 차이점은 무엇일까? 은행들의 운영리스크가 증가되는 사이에 어떻게 지불시스템을 국제화 시키는가? 기술리스크는 기술적 투자가 기대되는 비용 절감을 일으키지 못했을 때 금융기관에 의해 발생되었다. 예를 들면, 금융기관이 컴퓨터 시스템의 업그레이드를 위해 100만달러를 소비했지만 이에 상응하는 생산력을 증가시키지 못하거나 기술이 이미 쇠퇴하거나 기술에서 부정적인 경제성으로 투자되어 투자비용을 회수하지 못한 경우이다.

　운영리스크는 현존하는 기술, 회계감사, 감시 그리고 다른 지원시스템들이 오작동하거나 고장나는 리스크를 포괄하고 범죄사고, 업무의 부당처리도 이러한 리스크로 분류된다. 금융관련 범죄사고는 형법, 기타 법률 위반에 해당하는 행위로서 사기, 공갈, 횡령, 배임, 재산국외도피, 자금세탁, 금품수수, 사금융알선, 저축관련 부당행위, 무인가 금융업행위 등 『특정경제범죄가중처벌 등에 관한 법률』에 해당하는 행위를 말한다. 금융업무 부당취급은 『은행법』을 비롯한 보험, 증권, 상호저축은행 등 해당 금융업의 법령이나 감독당국의 규정, 명령 또는 지시사항을 위반한 경우나 금융기관의 정관이나 내부규정에 반하는 경우, 그리고 금융기관의 건전한 영업을 저해하는 행위 등이 해당된다.

E. 사례

　BIS비율을 높이기 위하여 은행에서 할 수 있는 방안은 무엇인가?

(1) 연체된 미수이자를 최대한 감축한다.

(2) 부실채권의 예금과 대출을 상계하고 담보물의 경매를 조속히 진행한다.

(3) 타점권 수납을 감축한다.

(4) 당좌대출, 종합통장대출등 한도여신거래의 한도를 최대한 감축한다.

(5) 유효기일이 경과한 수입신용장과 내국신용장의 개설 잔액을 해지한다.

(6) 매입외환의 경우 가급적 추심방식으로 업무를 취급한다.

1. 왜 은행의 자금조달 이점이 사라졌나?

   답 : 저금리와 시중 유동성의 증가로 금융기관의 자금차입이 쉽게 되었다.

2. 젊은 세대와 노년층은 수입보다 더 많이 소비하고 중년 나이의 사람들은 수입보다 적게 소비한다. 왜 그런가?

   답 : 중년들은 미래 소비를 위하여 저축한다. 생활 사이클에 따른 저축.

3. 2007-2009년 사이에 Shadow banking system의 역할은 무엇인가?

   답 : 은행 예금보다 위험하고 , 은행보다 규제가 적음.

      비은행 금융기관으로 자금을 공급, 지급준비금 제도도 없음.

      펀드 등 MMF도 이에 속함.

4. 개인소득세를 정부가 줄이면 상업은행의 통화 창출에 어떤 영향을 주는가?

   답 : 신용창조가 증가한다.

5. 유럽은행이 미국은행에 비하여 수익성이 약하다. 그 원인은?

   답 : 대출 금리의 하락, 증권 부분의 수익 악화, 조달금리의 상승
      생산성 저하가 원인이다.

6. 어떻게 금리 리스크가 금융혁신을 초래하였는가 ?

   답 :
      금리가 낮거나 높아진 경우 금리변동으로 손실이 막대하게 되었음.
      금리 관련 파생상품의 개발 / 금리스왑, 선물환 거래 / 혁신 시작

7. COVID-19 pandemic 팬데믹 상황으로 각 국이 취한 금융상 공통점이
   무엇인가?

   답 : 재정을 투입하여 자금 공급을 각국이 전개하여 경기 부양

8. 분명하게 Junk Bond라고 이름 붙은 채권을 구입하는 이유는 무엇인가?

   답 : 고수익을 추구
      그 회사의 실적이 좋아지면 가격이 급상승할 수 있으니까

9. 버블을 조장하는 군중심리는 자산가격이 오를 것이라는(   )에 따라
   성장한다.

   답 : 자기예언

10. 은행, 신용조합, 뮤추얼펀드의 업무 내용, 범위 등이 다른 바 그 원초적
    원인은 무엇인가 ?

    답 : 법률의 규정에 따라 허가되는 영업 내용이 다르다.

11. 금융이란 무엇인가?

  답 :
  금융은 자금의 대여를 통한 돈의 유통을 말한다.

12. 금융시장의 기능을 적어보시오.

  답

    예금을 생산성 있는 기업에 이동
    가격발견 기능을 효율화
    유동성을 자산시장에 공여
    금융 거래비용을 줄이기

13. 금융시스템의 정의는?

  답 :
    협의: 금융기관과 일반 경제주체들의 금융활동을 통제하는 일체의 체계,
      즉 금융산업과 금융시장을 통할하는 기본 틀
    광의: 금융 관련 규제체계를 포함하여 금융산업과 금융시장을 망라하는

14. 자본시장이란 어떤 역할을 하나요? Capital의 의미는 무엇인가?

  답 :
  자본시장은 중장기 자금(Capital)을 거래한다. 기관투자자 가 투자한다.
  기대수익이 높다 배당금 이자 주식가격 상승으로 자본이득이 발생한다.

15. 재무(finance)와 금융(financing)은 같은 것인가?

    답 : - 재무는 수요 측면을 강조: 예, 기업 재무, 재무관리
       - 금융은 공급 측면을 강조: 예, 금융회사, 금융상품

- 실물경제 란?   금융은 동전의 앞 뒷면 관계
==> 생산 소비 판매 교역 등을 말한다

16. 실물경제와 금융과의 관계를 약술하시오

답 :
실물경제의 성장·발전은 금융의 성장·발전에 대체로 긍정적 영향
금융 => 실물경제에 대한 영향은 다른 측면

* 긍정적 측면:
- 금융은 실물경제 활동에 필요한 자금조달 및 성과 배분 기능 수행
- 조달과 배분 과정에서 정보 비대칭 및 도덕적 해이 문제 극복에 기여
* 부정적 측면:
- 금융부문이 비대해지면 버블 형성·붕괴를 통해 실물경제에 큰 피해
초래

17. 금융시스템은 4가지 부문으로 구성된다. 그 부문을 적고 예시를 2개씩
적어 시오.

답 :
1). 금융상품 : 예금과 대출, 펀드
2). 금융제도 : Universal Banking, 투자은행과 예금은행 구분
3). 금융시장 : 채권시장, 주식시장
금융상품이 거래되는 장소 또는 메커니즘
4) 금융중개기관   ; 은행, 증권회사
주주는 수익을 취하고 기관은 위험감수

18. 한국의 금융 기관(financial   institution)을 은행,   증권회사, 보험회사
, 신용카드회사,   대부업체   등으로 분류하시오.

한국의 금융회사 현황 (2020. 10. 2)

금 융 지 주 , 은행	금융지주회사	
	일반은행	시중은행
		지방은행
		외국은행 국내지점
	특수은행	한국산업은행, 중소기업은행, 한국수출입은행, 농협은행, 수협은행
	인터넷전문은행	케이뱅크, 카카오뱅크, 토스뱅크
비 은 행 금 융 회사	상호저축은행	
	여신전문금융회사	신용카드사
		리스사
		할부금융사
		신기술사업금융사
	상호금융회사	신용협동조합, 농업협동조합, 수산업협동조합, 산림조합, 세미을금고
	대부업	
	새마을금고	
보험회사	생명보험회사	
	손해보험회사	
금융투자 회사	증권회사	
	선물회사	
	자산운용사	
	투자자문사	
	종합금융회사	
기타 금융회사	핀테크기업,	
	전자금융업자	
	우체국	

19. 미국에서 시작된 글로벌 금융위기 사태가 어떻게 유럽에서는 Sovereign debt crisis를 가져왔나?

답 :

금융위기가 유럽에 전파되면서 예금인출로 은행이 파산위기에 처함.

아이슬란드/ 우크라이나는 와 IMF 금융지원에 합의하였고 헝가리도 신청

20. 금융에서 AI 도입 시 중요한 사항 3가지는 무엇인가?

답 : AI를 도입하는 과정에서 겪고 있는 주요 애로사항으로는 '데이터 부족'을 답한 은행이 25%로 가장 많았다. 이어 '관련 전문인력 부족'(21%), '장·단기적 도입 전략 미흡'(13%), '규제 준수 부담'(13%) 등으로 조사됐다.

21. 한국에서 금융투자회사(증권회사)는 어떤 과정으로 발전하였는지?

답 :

2009.2월 자본시장법 시행으로 증권회사, 자산운용회사, 증권금융회사, 투자자문 회사, 선물회사가 금융투자업자로 명칭이 변경되고 그 업무가 투자매매업/ 투자 중개업/ 집합 투자업/ 투자자문업/ 투자일임업/ 신탁업/ 으로 분류되고 금융투자업자가 복수의 업무를 선택하여 영업할 수 있다.

22. 어떻게 금융혁신의 과정이 Macroprudential regulation의 효율성에
    영향을 주는가?

  답 : 시스템 리스크를 관리하기를 더 어렵게 만들고 있다.

    Macroprudential regulation은 금융규제인데 전체적인 금융시스템의
    리스크(시스템 리스크)를 낮추는 방법이다. 거시적인 측면에서
    규제프레임을 다시 조직하는 것이다.

23. 모험자본은 무엇을 말하는 가?

  답 : 위험성이 높지만, 일반적으로 평균이익보다 많은 이익을 가져올
    가능성이 있는 기업을 시작할 때에 필요로 하는 자금의 중요한 원천이
    모험자본이다.

24. 왜 신기술이 은행의 지점 설치를 못 하게 만들었나?

  답 : ATM 기계. 결제와 송금이 편리/ 어음의 발행,
25. 왜 신용조합 (Credit Union)의 규모가 예금 기관보다 작은가?

  답 : 조합원 중심의 고객으로 한정되어 있어 고객이 적음.

26. 최근 왜 국제적인 금융업무가 급속히 발달하였는가?

  답 : 세계적인 무역과 글로벌 기업의 생산, 공급, 수요 등 확대로
    국제업무가 발전

27. 은행 업무와 Investment 업무를 분리하는 것이 유리한가?

    답 : 미국금융시스템의 근간으로 리스크 관리상 필요하다.
       미국의 금융시스템은 1930년대의 대공황 시절에 상업은행이 은행업무와
       증권투자업무를 겸영하여 기업부실이 증가하고 대규모 부도로
       금융시스템이 마비되었음.

28. 2019년 Venezuela의 년 인플레이션율이 200,000%에 도달하였다.그래서
    년 인플레율을 2-3%로 낮추고자 한다. 어떻게 하면 좋은 가 ?

    답 : 중앙은행은 금리를 올려야하고
       정부가 자금 대출을 줄여 시중통화를 환수해야 합니다.

29. 정부 발생 화폐를 법화라 한다. 법정 불환지폐(fiat money)는 무엇인
    가?

    답 : 불환지폐는 종이로 되어 금속이나 물건으로 보장되지 않는 돈이다.
       대비되는 실물은 금 태환지폐이다.

30. 화폐에 표시된 legal tender는 무슨 의미인가?

    답 :
    정부 발행의 법정 화폐 라는 의미이다. 법정 통화(법화, legal tender)는
    정부가 법적으로 통용을 강제한 통화이다.

31. 금융중개기능은 저축자에게 간접증권(예금통장, 채권증서)을 제공하고
    자금을 조달하여 자금수요자에게 대출증서나 주식을 받고 자금을 운용
    하는 기능이다.
    이 기능을 세분화하여 설명하시오.

    답 :

    1) 만기의 변환
        단기예금 = 장기 대출 로 변환
        금리위험, 유동성 위험 을 수반
        자금의 수요자와 공급자는 선호하는 자금의 만기선호가 다르기 때문에
        만기의 선호차이를 중개하고 금리, 유동성 리스크를 관리

    2) 정보의 생산 : 정보의 생산과 전달에 우위 기업의 재무제표를 통해
       기업의 관련 정보를 취득.

    3) 지급관리 시스템 : 지급준비금 보유
       위험분산, -포트폴리오 구성에 전문적 지식 =   위험관리능력 강함
       비용감축 :   감시비용 절감 (규모의 경제, 범위의 경제에 의한
       위임감시 기능 / 감시비용의 절감   3인이 3인을 감시 ,
        가계는 예금하면서 기업감시를 은행에 위임
    4) 위험 분산과 비용감축 : 위험예측 포트폴리오 구성과 규모의 경제로
       실현
    5) 강점, 이유
        포트폴리오 구성에 전문적 지식 = 위험관리능력 강함
        정보의 생산과 전달에 우위
        감시비용 절감 (규모의 경제, 범위의 경제에 의한)

32. 명목 수입이 10% 증가하고 물가가 15% 증가하면 실질 수입은 어떻게
    되나?

   답 : 실질 수입은 5% 감소

33. **은행의** 부채는 자금조달의 원천(sources of funds)으로 예수금이다.
    일정한 이자지급 조건으로 자금을 수납하여 관리 • 운용하는 계정이다.
    예수금의 장점은 무엇인가?

   답 :
      금리변동에도 비교적 안정적이며, 이자비용이 상대적으로 저렴한
      장점
            요구불예금은 은행 전체 부채의 5~6%에 불과, 그러나 저원가성
            예금으로 은행 수익성에 대한 기여도가 매우 높은 자금조달원
            자금을 필요로 할 때 단기간 내에 쉽게 증가시키기 어려운
            것이 단점
      예수금은 은행 전체 부채의 약 60% 차지
      차입부채 : 원리금 반환을 약정하고 차입한 금액을 처리하는 계정으로
            이자비용이 비교적 많이 들고 금리변동에 따라 불안정한 것이 단점
            자금이 필요할 때 시장에서 단기간에 쉽게 이용할 수 있는 것이
            장점.
            차입금, 사채, 콜머니 등이며, 은행 전체 부채의 약 30% 차지함.
      기타부채는 영업과정에서 발생한 각종 충당금, 미지급채무, 선수수익.

      은행계정, 신탁계정, 종금계정등 3가지 분리계정이 존재한다.

   **국내에서 기업어음 보증 영업; 신한은행과 신한금융투자가 경험.
   종금업 라이센스로 기업어음 지급보증을 하고 있다
   즉 CP 지급보증 제공 및 인수로 수수료 수익. 이 경우 종금계정**

34. 은행의 자산, 부채, 자본 계정 항목의 예를 들어보시오.

은행의 일반적인 자산 (Assets)중 중요한 항목을 적어시오.
1. 현금 및 예치금
3. 단기매매금융자산
7. 대출채권
9. 매도가능금융자산
11. 만기보유금융자산 -(Held-to-maturity financial assets)
12. 유형자산 (Property and equipment)
13. 무형자산
14. 관계기업등에 대한 투자자산 (Investments in subsidiaries and associates)
15. 투자부동산

은행의 부채

부 채 (Liabilities)
1. 예수부채 (Deposits)
3. 단기매매 금융부채 (Trading liabilities)
5. 차입부채 (Borrowings)
6. 사채 (Debt securities issued)
7. 확정급여 부채 (Defined benefit liabilities)
8. 충당부채 (Provisions)
9. 당기법인세부채 (Current tax liabilities)

자 본(Equity)
1. 자본금 (Capital stock)
2. 신종자본증권 (Hybrid bonds)
3. 자본잉여금 (Capital surplus)
4. 자본조정
6. 이익잉여금 (Retained earnings and reserves)
   (대손준비금 적립액)
   (대손준비금 전입(환입)필요액)

35. 은행의 예금 창조액은 최초 예금액 / (   ) 이다.

　　답 : 지급준비율

36. 은행의 위임감시 기능이란?

　　답 : 위임감시 기능 / 감시비용의 절감   3인이 3인을 감시
　　　　예금주(가계)는 예금하면서 대출을 받은 기업에 대한
　　　　감시를 은행에 위임

37. 금융기관(회사) 이란?

　답 :
　　　* 금융자산을 주요자산으로 보유함으로써 기타의 경제 주체들에게 금융
　　　　상품과 서비스를 제공하는 기관 또는 회사
　　　* 주된 업무가 금융중개기능이므로 금융중개기관(financial
　　　　Inetermediation) 이라고도 함

38. 단기금융시장, 자본시장을 구분 설명하시오.

　답 :
　　　- 단기금융시장(money markets)은 만기 1년 미만 금융상품 거래되는
　　　　시장
　　　- 자본시장(capital marekts)은 만기 1년 이상 금융상품
　　　　주식/채권 거래 되는 시장

39. 예대율(= 예수금 대비 대출금의 비율)의 의미는 ?

　답 : 일반적으로 예대율이 높을수록 은행의 영업이익(즉, 수익성)은 증가
　　　일반적으로 지방은행이 도시은행보다 예대율이 낮음. 그 이유는 마땅한
　　　대출처가 지방에 충분하지 않기 때문이다.

　　　반면, 예대율이 너무 높으면 은행에 유동성 문제가 야기될 위험이 크다.
　　　2009년말 기준 국내은행 평균 예대율은 125%로 정상수준 (통상
　　　90~95%)을 훨씬 상회하고 있다. 그 이유는 국제금융시장에서 이자가 싼
　　　외화자금을 차입하여 국내대출을 늘렸기 때문이다. 글로벌 금융위기와
　　　함께 외화 유동성 문제를 야기

40.　자본의 역할을 설명하시오.

　답 :
　　　자본 = 자산에서 부채를 차감한 순재산
　　　　자본금, 이익잉여금, 자본잉여금 이 주요항목이다.

　　　자본의 역할
　　　　예상치 못한 손실을 흡수하여 은행의 도산을 막는 충격흡수 재원
　　　　(소액)예금자와 채권자를 보호하고 예금인출사태(bank run)을
　　　　방지하기 위해 예금보험제도를 실시하여 보완
　　　　BIS자기자본비율 제도를 실시하여 은행의 자본충실도를 일정수준
　　　　이상 유지 - BIS 국제기준 : 8% 이상
　　　　부도방지를 위하여 은행은 자기자본비율을 일정수준이상 유지해야
　　　　하므로 자산규모와 영업 확대를 위해서도 자본규모도 지속적 확대
　　　　필요

　　-　**예상수준을 넘어서는 영업상 손실을 흡수하여 정상적 영업을
　　　가능케 하는 완충장치 역할**

41. 적정한 자본규모는 관점에 따라 다르지만 다음 2가지를 만족시켜야 한다. 2가지는 무엇인가 ?

　답 ;
　1) 감독관점: 규제자본
　　 - 자본수준이 높을수록 은행과 금융시스템의 안정성이 높다
　　 - 최소한의 자본비율 유지를 강제

　2) 은행내부관점: 경제적 자본
　　 - 수익성을 고려 같은 조건에서 적은 규모의 자본 유지 선호
　　 - 영업에 내재된 제반 위험을 고려하여 필요 자본규모 산정

42. 단기금융의 종류를 적어시오.

　답 :
　　단기금융시장 1년 이내 만기가 도래하는 금융수단이 거래
　　- 콜(call) 시장: 금융기관들간 과부족 자금을 통상 1일~1주일간 단기로
　　　거래하는 시장
　　- 기업어음(commercial paper: CP) 시장: 통상 우량기업이 단기자금
　　　조달목적으로 상거래와 관계 없이 자기신용으로 발행한 융통어음이
　　　거래되는 시장

43. 자본시장 Capital market / 1년이상의 종류는 무엇인가 ?

　답:
　○ 주식시장:
　 * 발행시장(primary market) : 주식회사가 설립 자본금을 조달하거나
　　 또는 자본금 증액을 위해 주식을 발행하는 시장
　 * 유통시장(secondary market) : 발행된 주식이 투자자들 간에 거래되는
　　 시장
　○ 채권시장:
　 * 발행시장(primary market) : 국가, 공공단체, 금융기관, 기업들이
　　 자금조달을 위해 채권을 발행하는 시장
　 * 유통시장(secondary market) : 발행된 채권이 투자자들 간에 거래되는
　　 시장

44. 2021년 은행산업의 이슈들은 무엇인가 ?

  답 :

  - 코로나 19 문제, 가계대출 증가에 따른 문제,

  --온라인 플랫폼이 주도적 온라인 경향, 금융소비자 보호문제

45. 펀드와 관련된 회사를 적어시오

  답 : 펀드 판매 담당하는 회사로 증권회사, 은행, 보험회사, 선물회사 등이
      있다.
      관련 회사로
   자산운용회사: 고객으로부터 모은 자금을 투자하고 운용
   수탁회사: 펀드재산을 안전하게 보관.관리하고
   판매회사: 펀드 판매(가입.출금)업무를 담당

46. 펀드 투자의 이점은 무엇인가?

    답:
       1) 소액으로 분산투자 가능
       2) 기간의 분산 효과
       3) 전문가에 의한 자금 투자와 운용

47. 특정한 지수의 변동에 의하여 연동되어 운용되는 인덱스 펀드는?
   (상장지수 펀드)

48. 월, 분기 등 일정한 기간별로 고정된 금액을 계속 투자하는 경우 이점은
    ? (기간을 분산투자)

49. 보험사가 보험 가입 때 고려할 사항 3개를 적어 시오.

  답 : 본인 여부, 보험 기간, 보험금액

50. 생명보험사의 보험료 산출시 고려하는 요소는 무엇인가?

답 :

o 예정사망률 assumed Mortality rate
  - 사망 예측치
  - 예정사망율이 낮아지면 사망보험료 낮아진다. 생존보험료 높아진다.
o 예정이율 : 보험료 운용수익을 현재 가격으로 알기 위해 할인하는 이율;
  낮아지면 보험료는 높아진다.
o 예정사업비율 : 필요 경비를 산출시 적용 / 낮아지면 보험료 낮아진다

51. 보험의 존재로 인한 사회적 비용이란 무엇인가?

답 :

o 도덕적 해이 : 고의로 보험금 수취
  남용 : Morale Hazard / 부주의한 태만행위
        (자동차 보험가입후 부주의)
        (예금 보험가입후 위험투자)

52. 보험회사의 자본금에 대한 설명이다. 답하시오.

1) 생명보험회사의 분야별 리스크가 다음과 같은 경우 요구되는 리스크대비
   자본금(RBC)은 얼마인가.?

   자산리스크=5억, 보험리스크=4억, 금리리스크=1억, 영업리스크=3억

   답: RBC = $\sqrt{(5+1)^2+4^2+3}$ = 10.21

2) 만일 이익잉여금이 9라면 최소규정을 충족시키나요?

   답 : 9/10.21= 0.88 따라서 충분하지 않다.

53. 보험사의 위험기준 자기자본 제도를 약술 하시오.

답 :
1) 건전성 감독 : RBC (위험기준 자기자본 제도) Risk based capital을
　　　　일정한 기준을 유지하는 것이 **필요함**
　　RBC = 보유자본/ 요구자본(위험기준 자기자본 기준금액)를 100%
　　　　이상 유지 의무
　　보험위험액 = 신용위험액 + 시장위험액 + 운영위험액

2) **보험회사의 일반계정 자산은 운용자산과** 비운용자산으로 구분

　　운용자산은 현금 및 예치금, 유가증권, 대출채권, 고정자산 등으로 구성
　　비운용자산은 수익활동창출에 직접 관계되지 않는 자산으로, 대차대조표
　　상에 기타자산으로 계상

3) 보험회사의 부채는 보험계약자가 납입한 보험료로 운영되는 보험회사의
　　특성을 가장 잘 반영

　　주요 구성 항목은 책임준비금- **책임준비금은 보험금, 해약환급금,**
　　배당금 등을 보험계약자 또는 보험수익자에게 지급하기 위해
　　적립한 금액으로 보험회사 부채 중 가장 큰 비중을 차지

4) **회사 차원의** 역기능은 도덕적 해이
　　예금자(채권자)의 은행경영감시 동기를 제거하여, 은행이 위험성
　　을 과도하게 높여 수익성을 제고시키고자 하는 동기를 제공

○ **코로나19**로 인한 **영업위축과 금리하락**으로 인한 **투자수익률 악화 우려**
　　등 보험산업을 둘러싼 **대내외 리스크가 확대**

　　보험회사의 **RBC비율**(=가용자본/요구자본)은 **보험회사 재무건전성을 측정**하
　　는 지표이며, 보험업법에서 **100% 이상을 유지**토록 규정하고 있다. RBC
　　비율 변동원인을 분석하면 가용자본은 시장금리 상승*에 따른 채권평가손
　　실 등과 배당금 **반영으로 감소한다.**

　　가용자본 : 보험회사의 각종 리스크로 인한 손실금액을 보전할 수 있는
　　　　　　　자본량

요구자본 : 보험회사에 내재된 각종 리스크가 현실화될 경우의 손실금액

RBC를 산출하는 공식은 다음과 같다.

$$RBC = \sqrt{보험^2 + (금리 + 신용)^2 + 시장^2} + 운영위험액$$

   ◦ 금리위험액와 신용위험액 : 완전상관 (상관계수 1)
   ◦ 보험위험액, 금리·신용위험액, 시장위험액 : 무상관 (상관계수 0)

54. 은행은 비유동화 자산이나 분리할 수 없는 자산을 모기지화 한다. 어떻게 가능하고 그 비용은 누가 부담하나 ?

답 : 집합하여 가능하고 그 비용은 모기지 자산을 사는 편이 부담한다.

55. 보험회사의 리스크 중에서 타 금융회사와 다른 것은 무엇인가요?

답 :
보험회사의 리스크는 보험인수전략의 실패, 적정하지 않은 보험요율의 산정, 지급 보험금의 부적정한 평가 등이다.

구체적인 보험회사의 리스크 는 무엇인가?

① **보험리스크 : 보험가격 설정** 및 **지급준비금 적립**의 적정성, 보험위험의 **집중, 재보험정책의 적정성**

② **금리 리스크 : 금리부 자산·부채, 금리 민감도(** 듀레이션, 금리를 변경하는 주기, 최저의 보증이율, 수준별 익스포져 등)

③ **신용 리스크 : 파생상품 ·재보험**거래로 인한 리스크**노출의** 규모 및 **거래 상대방의** 신용등급

④ **시장 리스크 : 변액연금보험** 최저보증 위험 등이다.

보험회사의 리스크 관리는 현재 위험기준 자기자본규제 제도인 RBC(Risk Based Capital) 방식으로 전환하였으며 금감원의 RBC제도는 예정이율과 예정사업비로 인한 리스크는 보험리스크의 측정 대상에 포함하지 않고 있다. 예정이율의 경우 미국에서와 같이 금리 리스크에 포함하여 측정하고 있으며, 예정사업비의 경우 측정방법을 설계하지 못하여 보험리스크 산출대상에서 제외하고 있다.

56. 보험 회사에 대한 규제는 금융 기관의 규제와 어떻게 다른가?

  답 : 미국에서 보험회사는 은행이나 저축 은행보다 연방정부규정에 좀 더 많은 영향을 받고 보험 감독기관이나 협회가 있지만 국가 수준에서 규제된다. 은행은 일반적으로 금융감독원의 감독을 받는다. 은행과 보험 회사들이 자산과 부채의 품질로 규제를 위한 조사를 받을 때 은행은 최소한의 자금과 요구 사항의 규제를 따른다. 보험 회사와 은행들이 제공하는 수 있는 금융상품도 제한된다.

57. 유동성위험이 발생하는 경우를 약술 하시오.

  답 :
  - 예금자, 대출약정자 또는 보험계약자 등이 갑자기 기대 이상으로 청구권을 행사하여 현금 인출이나 대출을 요구할 때 발생한다. 금융회사의 신인도 하락 또는 기대 이상의 계절적 현금 수요 증가 등으로 갑작스러운 자금인출이 증가하면 금융회사는 추가적 비용을 부담하면서 자금을 차입하거나 보유자산의 매각 등을 통하여 현금 인출 또는 대출수요에 대응하여야 한다. 유동성 위험은 은행 등 예금 기관이 가장 높으며, 보험회사나 연금기관 등은 상대적으로 낮다.
  - 부채 측면의 유동성 위험은 예금인출이 대표적이다. 이를 해결하기 위해서는 자금차입, 현금의 감소 또는 자산의 매각 등으로 대응하여야 한다.
  - 자산 측면의 유동성 위험은 대출 약정을 들 수 있다. 은행은 차입금의 증가 또는 현금의 감소 등으로 대응하여야 한다.

58. 바젤III 실시에 따라 2015년부터 원화 유동성비율(LCR : Liquidity Coverage Ratio) 규제가 은행에 적용되었다 약술하시오.

답 :
■ **원화 예대율**(원화대출금/원화예수금으로 규제상한 100%)은 현재 국내 일반은행 모두 **90~100% 내에서 안정적으로 유지**.
■ **원화 유동성 비율**(1개월 이내 만기도래 자산/ 1개월 이내 만기도래 부채, 규제하한 100%) 및 **외화유동성비율**(3개월 이내 만기도래 자산/ 3개월 이내 만기도래 부채, 규제하한 85%)도 **모두 규제하한을 크게 상회**.
■ 기존 규제지표가 정상적인 영업환경 하에서의 은행의 유동성 수준을 나타냈다면, **LCR은 스트레스 상황을 감안한 유동성 지표로 좀 더 의미있는 기준**이다.

59. 투자를 권유할 때 부당권유 금지를 약술하시오.

답 : 라임 무역금융펀드와 관련해 펀드의 부실을 은폐하는 등 불건전 영업행위 투자자에게 거짓이거나 불확실한 정보를 제공하는 등 부당권유 금지

독일헤리티지 파생결합증권(DLS) 판매 과정에서도 부당권유 금지 규정을 위반했다. 특정금전신탁 불법 홍보, 설명서 교부 의무 위반, 임직원 금융투자상품 매매 제한 위반 사실도 확인됐다.

60. 금융상품을 불완전 판매한다는 것은 무엇인가?

답 :
중요사항을 누락, 허위 과장광고 등으로 오인하게 되는 것을 말한다.

61. 금융데이터 분석은 금융의 어떤 업무로 활용되는가?

답 : 개인·기업 고객의 다양한 데이터를 수집하여 분석 함으로써 새로운 부가가치를 창출한다.

사례 : 신용조회, 운전습관연계보험, 로보어드바이저 등

- **결제·송금분야:** 이용이 간편하면서도 수수료가 저렴한 지급결제 서비스를 제공함으로써 고객의 편의성을 제공/

• 간편결제, 간편송금,• 외환 송금 • 인터넷전문은행 등

- **금융 소프트웨어를 활용한 혁신**
  IT 기술을 활용하여 혁신적인 금융업무 및 서비스 관련 소프트웨어를 제공
  • 비대면 인증 · 블록체인 · 리스크관리 등

핀테크 사업영역

온라인 플랫폼을 통해 대출과정을 자동화하여 금융 공급자(투자)와 금융 수요자(대출)가 직접 자금을 주고받을 수 있도록 하는 서비스는 P2P 대출과 크라우드 펀딩이다.

62. 핀테크 발전과 **핀테크 관련 리스크**도 함께 **증가**될 우려가 존재한다. 대상자 별
로 영향을 약술하시오.

답 :

(**금융회사 등**) IT기술의 **의존도가 높아짐**에 따라 복잡해진 IT기술을 활용하는
과정에서 **운영·사이버보안 리스크** 등이 증가

(**금융소비자**) P2P대출 등 **금융 서비스 대체 분야**의 **이용**이 **증가함**에
따라, **금융 리스크**를 소비자에게 **전가**시키거나 **금융 사기** 등으로 인한
피해 발생 우려

(**감독당국**) **다양성·탈중앙화** 등으로 **소규모 다수 사업자**가 **증가**됨에
따라 **통제**와 **모니터링의 어려움**이 증가하는 한편, **보수적으로 리스크**를
관리할 경우 **핀테크 혁신**을 **저해**할 우려

63. 신용(credit) 의 개념을 기술하시오.

답: 무담보 대출 the ability of a customer to obtain goods or
services

64. Seigniorage effect 란 무엇인가 ?

답 :

value of money와 cost to produce and distribute it. 와의 차이
기축통화국(혹은 중앙은행)의 지위를 이용해 화폐를 찍어내고 새로운
신용 창출을 통해 대외적자를 보전.

즉, 화폐를 발행하면 교환가치에서 발행비용을 뺀 만큼의 이익(화폐주조
이익)이 생기는데 그중에서도 기축통화국, 곧 국제통화를 보유한 국가가
누리는 이익을 의미하기도 한다. 이는 주조차익(鑄造差益), 화폐발권차익이
라고도 불린다.
즉, 실제 화폐의 액면가에 비해 제조 비용이 적게 들고 그 차액만큼의 이익
이 생기는 것이다.

65. 자본시장과 은행과의 관계를 설명하시오

  답 :
  은행은 단기적 대출이나 시장을 주요 무대, 이고 자본시장 capital market 장
  기간 시장과 주식관련 증권을 대상으로 하는 시장이다.

66. 중앙은행 역할을 나열 하시오.

  답 화폐발행, 물가 안정, 금융 안정 최종 대부자 역할을 말함.

  은행권 전체에 유동성이 부족해질 경우 등을 위하여 최종대부자(lender of
  last resort) 역할을 할 '은행들의 은행'이 필요하고 유동성의 무한공급능력을
  보유한 현대적 중앙은행 출현

67. 부분지급준비제도(partial reserve system)는 무엇인가 ?

  답 : 모든 예금자들이 일시에 전액을 인출하지 않기 때문에 가능하고 통상
  은행은 예금의 아주 작은 비율(지급준비율)만을 현금으로 보유하여
  지급에 대비하고 나머지 예금은 운용.

  . 그러나 은행은 항상 지급준비 부족상태에 빠질 위험이 있고 일시적
  자금부족은 은행간 단기자금 차입(이를 call money 라고 함)등으로
  해결

68. 법정지급준비제도(reserve requirement system)를 약술히시오.

  답 :
  예금의 일정 비율을 현금, 현금 등가물로 보유하도록 강제하는
  제도이다.
  은행의 대출규모를 제한하므로 기본적인 은행건전성 규제로 인식되고
  은행의 신용창출과 통화량을 조절하는 수단이다.
  법정지급준비율은 평균예치기간이 짧은 예금일수록 높게 책정되는 데
  요구불 예금은 7%를 지급준비금으로 은행에서 보유

69. 은행과 비은행 예금취급기관을 어떻게 구별하나요 ?

　　　답 : 은행은 예금을 받아 대출을 해주는 대표적인 간접금융기관.
　　　　예대업무 이외에도 지급결제업무, 외국환 관련 업무, 신용카드업무

　　　　비은행 예금취급기관은 예대업무와 지급결제업무만을 제한적으로
　　　　취급하는 소규모 금융기관. 상호저축은행과 상호금융기관(신용협동조합,
　　　　새마을금고, 농·수협, 단위조합) 등

70. 왜 최근 금융지주회사가 많이 생겨났나 ? **장, 단점은 무엇인가**

　　　답 : 규모의 경제, 범위의 경제, 공격적 경영이 가능하여 수익을 확장하고
　　　　리스크를 다양하게 분산.

71. **금융지주회사의 이점은 무엇인가 ?**

　답 :

　1) 규모의 경제

　　　금융지주회사의 경우 업무다각화 자체는 은행의 리스크를 줄여주지만
은행의 이익, 비용에 관한 초과성과에는 부정적인 결과를 보인다.

상품의 세분화가 금융회사들의 리스크를 줄일 수 있다. 상품세분화는
전문화하여 상품들을 강화시킴으로써 리스크를 줄인다.
전문화는 전문기술과 금융회사가 더 정확하게 과도한 리스크상황에 치러야
하는 비용을 알 수 있게 된다.

　2) 금융지주회사는 공격적 경영이 가능하다
　　　금융지주회사의 공격적 경영에 따른 금융혁신과 신상품은
　- 금융계약 내지 상품의 분할과 통합
　- 유동성이 낮은 금융상품을 유동성이 높은 증권으로 변환
　　　예) 양도성 정기예금 증서

3) 금융서비스를 유통시키기 위한 새로운 경로의 개발 : 새로운 신상품은 고객의 선택을 받는 데서 실패할 확률과 다른 금융회사에 의하여 복사 당할 위험성이 있다. 고객들은 새로운 상품의 등장에 적응할 시간적인 여유를 원한다.

4) 초과성과에 긍정적이다. 금융회사 그룹도 개별금융회사에 대한 규제를 회피할 수 있다. 그 예는 그룹에 의하여 조달된 자본이 그룹 내 여러 회사의 자본으로 인정될 수 있고 자본의 다중계산 때문이다. 또 특정회사의 부채가 다른 회사의 자본으로 인정되어 순자본에 비해 부채가 과다하게 될 수 있는 현상도 발생한다.

- 주의: 그룹리스크 관리기능의 독립성.전문성을 강화하여야 한다.

통합 위기상황분석(Group Stress Test) 등 금융그룹 차원의 위기 대응 능력을 제고하여야 한다. 금융그룹 전체의 차원에서 리스크를 관리하기 때문에 자회사의 거액여신에 대한 통합익스포저 관리도 담당한다.

72. 본원통화가 일정한 금액을 유지할 때 M1이 증가하는 경제적 사건의 예를 들어 보시오.

답 : 금리 인상, 화폐교환 등으로 장롱속의 화폐가 은행으로 오는 경우이다.

73. 정원에 파묻은 현금은 M1에 포함되나요 ?

답 : 포함되지 않는다.

74. 지급준비금에 포함되지 않는 예금에 더 높은 이자를 지급한다면 그래도 수익이 발생하나요?

답 : 대출로 활용하기 때문에 가능하다.

75. 핀테크의 발달은 정보기술의 혁신에 의하여 이루어 지는 데 모바일 앱, 온라 인 플랫폼이 이루어 지면서 더욱 발달하였다. 원인과 단점은 ?

　답 :
　　- 가계, 기업의 데이터 수집, 처리비용이 감소하였기 때문이다.
　　- 비은행 핀테크 창업기업이 생겨났다. 그 기업들은 자금조달을 벤처캐피탈 에 의존한다. 또한 여러 기관과으; Network에 의존하여 버블의 가능성이 있 다. 즉, P2P 대출도 문제를 발생시킬수 있다.

76. 만일 법적인 지불준비금 제도가 없더라도 지급준비금을 보유할까요 ?

　답 : 그렇다. 예금 인출자의 불시의 요구에 대비하기 위한 것이다.

77. Cross rate 의 Arbitrage를 이용하여 재정이익을 구하시오.
　　　뉴욕에서 1파운드 = $1.6　 1 $ = 1.5 SF
　　　런던에서　 1 SF = 0.4367 파운드
　　　재정이익은 1 SF 당 (　　　) 파운드

　　답　 0.02　 0.4167-0.4367

78. 한국회사가 6개월 후 $ 1,000,000 지급의무가 있어 오늘 환Hedge를 원함

　spot rate : 1$ = 1,200원,　 6개월 forward rate 1$ = 1,300원
　달러화 년 이자율 8%　 원화 년 이자율 12%

　1) 자금시장을 이용하는 경우 소요되는 원화는 얼마인가?

　답
　　1,000,000 / (1 + 0.04) = 961538달러을 6개월간 예금
　　　X 1200 = 1,153,845,600원 으로 6개월간 차입

　　　1,153845600 X 1.06 = 12,230,76336원

2) 금리평가이론에 의한 이론적인 6개월 선물환율은 ?

　　답 :
　　1$ ＝ 1223원

3) 그러한 금리평가이론이 현실적으로 성립되지 않는 이유

　답 : 국가간의 규제, 환전의 어려움, 운송비용 등

79. 고정환율제와 변동환율제에 대한 설명이다

　1) 변동환율제의 장점과 단점은 ?

　　답 : 　변동환율 제도의 장점은 대내정책을 독자적으로 수행하는 장점있다.
　　　　단점 2가지는 ? 　- 환율이 불안정, 환투기

　2) 고정환율제하에서 B로된 균형환율을 A에 유지하려면
　　정부는 어떤 정책을 해야하나 ?

　　답 : 　중앙은행이 외환 자금을 공급하거나 줄이거나 해야한다.

80. 기업이 발행한 증권이 증권시장에서 매매될 수 있도록 하는 것을 (　　　)
　　이라고 한다.

　　답 : 상장

81. 보통주는 (1)을 가짐으로써 기업경영에 간접적으로 참가하고 (　　　)는
　　/은 배당에 우선하는 주식으로 약정된 배당을 지급하지 못하는 경우 미지
　　급된 배당금을 다음 해에 누적시켜 지급하는 주식을 (2)라고 한다.

　답 :
　　의결권　우선주, 　누적적우선주

82. 재무제표의 한계를 적어시오.

　　답 :
　　　　1) 역사적 원가 회계
　　　　2) 경영환경 변화 미반영
　　　　3) 회계정책변경
　　　　4) 경영, 영업형태 등에 따른 기업차이 감안
　　　　5) 비재무자료 도 분석

83. 가지급금이란 무엇인가 ?

　　답 : 가지급금이란 '정해진 날보다 앞당겨 임시로 지급하는 돈'이라고
　　　　되어 있습니다. 그 금액이 확정되지 않은 상태이다.
　　　　즉, 신고하지 않은. 출처가 불명확 한 지출들은 가지급금이다.

84.　연금 (Annuity)은 일정기간동안 동일한 금액이 매 기간 마다 발생하는
　　　현금흐름이다. 3년 동안 <u>매년 말</u>에 20,000원을 년이자율 10%로 예금한
　　　경우 3년후의　연금의 미래가치는 ?

　　답 :　20000 X (1 + 0.1)^3　원

85. 네델란드 병(Dutch　Disease)의 개념, 비슷한 사례를 약술하시오.

　　답 :
　　석유, 가스 등 천연자원 개발로 경기호황을 누리던 국가가 자원 수출의
　　부정적 과정이나 효과로 장기적으로는 경제가 침체되는 현상. 석유, 가스
　　등 자원이 개발된 후 단기적으로는 경기호황을 누리다가 자원수출에 따른
　　부작용으로 장기적으로는 경제가 침체되는 현상을 일컫는 용어로 **베네주
　　엘라도 비슷한 사례 이다.**
86. **투자은행이란 ?　정의,　역할, 업무를 약술하시오.**

　답
　　　투자은행은 자본이 부족한 기관에 대하여 자본을 투입하여 지분을 획득하고

수익을 창출하는 목적의 금융회사로 대상기업의 경영을 그대로 유지하는 것이 일반적이다.

87. 투자은행의 경제적 역할은 무엇인가 ?

   답 :
      벤처기업에 대한 시장조성 , 기업을 증권시장에 상장
      다양한 상품개발로 대출금을 증권화 유도
      기업에 대한 정확한 가치 평가

88. 투자은행(Investment Bank)이 하는 주요업무는 ?

   답 :
   - 신주발행, 인수, 대행, 리스크관리, 금융 공학 업무
   - Goldman Sachs, Merril Lynch , Bear sterns , morgan stanley
   - 미국 연준의 Leverage 규제에 영향을 받지 않는다. 나중에 deleverging 으로 발전

89. **too big to fail의 사례 중 부정적 결과는 (리만 브라더스) 이다.**

   답 : 1) 자기자본을 늘리도록 규제
   **   2) 규모를 규제**

90. mutual Fund 와 Hedge funds의 주요한 차이점은 ?

   답 :
      헤지펀드 : 소수의 인원으로부터 투자자금 모아 고위험 고수익 자금에 투자
91. 뮤추얼 mutual fund 와 연금 pension fund 의 성과 측정에는 서로 다른 측정 방법이 사용된다. 무엇인가 ?

답 : 뮤추얼펀드는 초과수익 능력인 알파를 추구하고, 위험조정성과 측면에서 단기 수익성을 중시하고 연금펀드는 시장수익률을 장기적으로 선택한다. 연금펀드의 성과측정 시에는 초과수익률, 위험요인, 다양한 요인들을 고려한다.

92. 금융지주회사의 금융업무의 확장에 있어서 장애 사항인 이익의 상충은 무엇인가?

  답 : 1) 공정한 조언을 하기보다는 팔기위한 판매자의 장려 목적
   2) 은행안의 신탁계정에 있는 증권을 팔 가능성
   3) 투자계열사로부터 제공된 매입증권의 목적을 위해 제 3자인 투자자에게 대출하기 위한 정책
   4) 증권 수요에 대한 투자 계열사 상품의 이용 대출가능성을 묶어 놓을 기회
   5) 내부정보를 남용할 기회

93. 조달금리의 변동에 따른 위험을 약술하시오.

  답 : 단기 고정금리로 조달하여 장기 고정금리로 운용하는 과정에서 시장금리 변화로 발생

94. 예금보험의 업무 집행 방식을 약술하시오.

  답 :
  1) 출자: 부실금융기관의 자본을 충실하게 하기 위하여 금융기관의 주식을 취득하는 것으로 예금보험공사 자회사인 정리금융공사(RFC)에 대한 출자분 1억은 제외
  2) 출연: 부실금융기관을 <계약이전(P&A)방식>으로 정리할때 계약을 이전받는 금융기관에자금 을 지원해 주는 것
  3) 부실자산매입: <제3자 인수방식>으로 정리할때 인수금융기관이 인수하기를 거부하는 부실 자 산을 사주는 것

4) 보험금지급: 영업정지나 파산등으로 금융기관이 고객에게 예금을 지급하지 못하는 경우에 대 신 예금을 지급하는 것

5) 대출: 금융기관의 단기유동성위기를 해소하기 위하여 일시적으로 자금을 빌려주는 것

95. 중국에 진출하는 기업이 왜 홍콩을 경유하는가? 국제적인 금융규제측면에서 답 하시오

답 : 홍콩은 국제금융의 도시로서 다음의 이점을 누리고 있고 중국정부도 용인하고 있다

(1) 우회투자시 이점 : 홍콩-중국간 CEPA 협정으로 홍콩기업우대 (2) 홍콩 중국간 신규 조세조약 체결로 홍콩법인이 혜택 (3) 국제적인 이미지를 제고 (4) 중국법인의 청산 및 처분이 용이하다. (5) 투자자금 활용 및 외환거래의 용이성 (6) 법인 설립 및 상장이 편리하다.(설립 7- 14일)

96. 상호금융회사의 종류와 주요 수익업무는무엇인가 ?

답 :

상호금융회사는 농협·수협 단위조합, 산림조합, 신용협동조합, 새마을 금고를 통칭한다. 조합원에 대출, 예금으로 수익을 확보하는 영업 모델 이다.

감독원의 감사는 기본적으로 은행에 준하여 실시하되 은행보다 완화된 기준을 적용한다. 다만, 유사한 영업 속성과 군집행동으로 동일 위험에 집단노출되는 경우가 많다.

감독상의 문제점은 (i) 감독권한이 여러 부처에 분산되어 통일된 감독기준 적용이 어렵고, (ii) 비신용사업을 함께 하는 경우가 많아 위험의 전이 문제가 있음

97. 기관별로 여신의 형태에는 차이가 있지만 기본적으로 여신관리(즉, 신용위험 관리)가 거의 대부분이다. 약술하시오.

답 :
　　신용위험에 대한 평가, 관리, 모니터링 등 은행의 여신관리와
　　기본적으로 동일
　　1997년 외환위기 이후 리스사 도산사태, 2003년 카드사태는 여신
　　전문금융 기관의 여신관리 중요성을 잘 보여줌. 특히, 신용카드업은
　　신용의 회전속도가 빨라 유동성 위기와 부실화가 빠르다.

98. 공제는 무엇인가 ?

　답 :　특정 직종 또는 조직에 소속된 구성원들이 공통의 위험에 대비하기
　　　위하여 인적 공동유대를 기반으로 만든 상호부조 형식의 간이보험서비스
　　　현재 약 30여개의 공제기관이 있으며,
　　　종목 : 생명공제와 손해공제/　대한교원공제회, 건설공제조합, 택시공제
　　　농협공제, 수협공제, 신협공제, 새마을금고공제 등 4대 공제와
　　　우체국보험은 일반인을 대상으로 공제사업을 운영, 전체 유사보험의 약
　　　95% 차지

99. 신용위험을 관리하는 전통적인 방법을 적어시오.

　　답 : 높은 이자 스프레드 부과,
　　　　대출 한도 설정,
　　　　담보 설정 등을 통한 채권회수 순위 우선화,
　　　　대출의 다변화를 통한 위험 분산,
　　　　자산이용 등에 대해 제한적인 대출계약 조항 삽입

100.　미국의 저축대부조합의 부도의 원인은 무엇인가?

　　답 :　1960년대부터 1980년대를 통하여 미국의 저축대부조합(S&L)이
　　　　금리 리스크를 관리하는 데 실패하였다. 그 금융회사들은 단기예금을
　　　　받아 장기의 고정금리의 모기지대출을 하였는데 1966년, 1969년, 1970
　　　　년, 1974년 그리고 1979년-82년 금리의 상승으로 손실을 보았다.

101. 증권회사 금융투자회사 의 주요 업무 3가지는 ?

답 :

 1). 위탁매매업무

위탁매매업무(brokerage)는 금융투자상품에 대한 투자중개업무로서 고객의 매매주문을 성사시키고 수수료를 받는 업무이다.

 2). 자기매매업무

자기매매업무(dealing)는 증권회사 자기명의와 자기계산으로 인적·물적 시설을 갖추고 지속적·반복적으로 금융 투자상품을 매매하는 업무를 말한다. 증권회사는 자기매매업무를 통해 증권시장 또는 장외거래에서 일시적인 수급불균형을 조정하는 한편 금융 투자상품 가격의 연속성을 확보함으로써 시장조성자(market maker)로서의 역할을 수행한다.

 3). 인수·주선업무

 증권의 인수업무(underwriting)는 신규 발행된 증권을 매출할 목적으로 취득하는 업무를 말하며 모집, 사모, 매출의 세가지 형태가 있다.

102. 생명보험과 손해보험을 겸영할 수 있는 지 ?

 답 : 겸영하지 못한다.   단, 재보험은 가능
 생명보험 : 사람의 생명에 관한 것이고 손해보험은 재산상 손실이[관한 것이다.

103. 생명보험상품의 보험료 산출 때 고려하는 기본 3대요소를 약술하시오.

 답
 o 예정사망률 assumed Mortality rate
   - 사망 예측치

- 예정사망률이 낮아지면 사망보험료 낮아지고 생존보험료 높아진다.
o 예정이율 : 보험료 운용수익을 현재 가격으로 알기 위해 할인하는 이율.; 낮아지면 보험료는 높아진다.
o 예정사업비율: 필요 경비 / 낮아지면 보험료 낮아진다

104. 보험의 존재로 인한 사회적 비용은 무엇인가?

답 :

1) 도덕적 해이가 발생할 수 있다. 너무 부주의하고 안일한 생각을 가지면 당연히 문제가 발생할 가능성도 커진다.
2) 고의로 손실을 발생시키는 사고를 만들어낼 수도 있다. 경우에는 사회적 손실은 물론이고 선량한 다른 가입자들에게도 피해가 발생할 수 있다.
3) 기회비용이 발생한다. 보험사의 우수한 인력들이 다른 분야에서 일을 했다면 높은 생산성을 나타냈을 수 있다.

105. **RBC비율**(가용자본/요구자본)은 **보험회사 재무건전성**을 **측정**하는 지표이며, 보험업법에서 **100% 이상**을 **유지**토록 규정하고 있다. 설명하시오.

답
* 가용자본 : 보험회사의 각종 리스크로 인한 손실금액을 보전할 수 있는 자본량
   요구자본 : 보험회사에 내재된 각종 리스크가 현실화될 경우의 손실금액

위험기준 자기자본 제도
* 건전성 감독 : RBC (위험기준 자기자본 제도) 유지와 경영실태평가 제도 실시,   위험관리 제도 준수

106. 유동성 위험은 왜, 어떻게 ? 발생하나 ?

답 : 예금 고객이 현금을 찾을려고 요구한 경우 은행이 현금이 없어 실행할 수 없는 경우 발생

- 예금자, 대출약정자 또는 보험계약자 등이 갑자기 기대 이상으로 청구권을 행사하여 현금 인출이나 대출을 요구할 때 발생한다.
- 금융기관의 신인도 하락 또는 기대 이상의 계절적 현금 수요 증가 등으로 갑작스러운 자금인출이 증가
- 유동성 위험은 은행 등 예금 기관이 가장 높으며, 보험회사나 연금기관 등은 상대적으로 낮다.
- 부채 측면의 유동성 위험은 예금인출이 대표적이다. 이를 해결하기 위해서는 자금차입, 현금의 감소 또는 자산의 매각 등으로 대응하여야 한다.
- 자산 측면의 유동성 위험은 대출 약정을 들 수 있다. 은행은 차입금의 증가 또는 현금의 감소 등으로 대응하여야 한다.

107. 생명보험회사와 손해보험회사의 리스크나 자금 운용상 차이점은 무엇인가요?

답

　　손해보험사 : 대규모의 산업재해나 사건 재해 등 발생 때 리스크
　　　　　　　　　　부동산, 혹은 즉시 처분이 가능한 자산에 투자
　　생명보험사 : 건강 보험상, 질병의 창궐 때 리스크 있고
　　　　　　　　　　장기간의 장기 상품에 투자

108. 보험회사가 현금화 리스크에 노출을 줄이기 위해 사용한 두 가지 방법은 무엇인가?

답 :
　(1) 보험회사는 그들이 작성한 계약서 내용에 리스크의 분배를 다양화함으로써 리스크 노출을 줄일 수 있었다.
　(2) 보험회사는 내재한 요구 비용을 위해 시장성이 높은 자금을 보유함으로써 현금화 요구에 대처할 수 있다.

109. LCR(Liquidity Coverage Ratio)을 약술하시오.

답 : 2015년부터   LCR규제가 은행에 적용

유동성 커버리지비율(LCR)은 단기 유동성 규제 비율로서 은행이 유동성 부족에 대비하여 보유한 고유동성 자산규모를 30일간의 유동성 스트레스 시나리오 하에서 예상되는 순 현금 유출액으로 나눈 비율이다.

기존의 관련 규제지표가 정상적인 영업환경 하에서의 은행의 유동성 수준을 나타냈다면, LCR는   스트레스 상황을 감안한 유동성 지표로 더 의미 있는 기준이다.

110. 보험회사의 자산, 부채를 기술하시오.

답 : 자산 : 일반계정 자산 : 정액보험
　　　특별계정 자산 : 실적배당형 보험
　부채 : 책임준비금
　　　　 - 보험금, 해약환급금, 배당금 으로 지급할 금액
　　계약자 지분조정
　　기타 부채: 보험미지급금(미지급 된 보험료)
　　　　　　　미지급금, 선수금
　　특별계정 부채 : 연금저축, 퇴직보험, 변액보험
　자본 : 자본금, 자본잉여금, 이익잉여금 , 자본조정 등

111. 증권회사 금융투자회사 들은 어떻게 이익을 추구하나요 ?

답 : 상장업무 수수료, 증권 거래 수수료, 자기 매매 주식거래

112. 연결 재무제표의 구성시 유의사항은 무엇인가?

답 :

2012년부터 국내 금융지주회사에 대해 국제회계기준(IFRS : International Financial Reporting Standards)이 적용됨에 따라 2011년 1분기 보고서를 토대로 그에 따른 재무적 **영향을 분석**하고, **공시내용의 적정성을 표시함**.

113. 상업은행과 투자은행 investment bank 을 비교하시오.

구분	투자은행	상업은행
자금 공급	유가증권 인수방식을 통해 자금 공급	대출의 형태로 주로 자금 공급
수익 원천	수수료	예금, 대출 차이의 마진
업무 성격	고수익·고위험 업무 (혁신/모험산업에 적합)	안전한 업무 (전통적인 산업에 적합)

114. **상호금융회사는 농협·수협 단위조합, 산림조합, 신용협동조합, 새마을금고를 통칭한다.** 업무 내용은 무엇인가?

답 :

상호금융회사는 농·수협 단위조합, 산림조합, 신용협동조합, 새마을금고 등으로 은행처럼 예금과 대출 업무를 취급하지만, 조합원 위주의 상호금융에 의존한다.

115. 제 3보험업의 보험 종목은 무엇인가?

   답 :
     상해보험,   질병보험   간병보험

116. 보험계약은 도박인가? 보험료를 내고 마음의 평안을 얻는 대가인가?

   답 :
     위험을 완전히 제거하지 못하고 위험을 효율적으로 분산하는 기능이다.
     2가지 방해요소가 있다. 1) 역선택 위험이 큰 사람이 위험이 낮은
     사람보다 보험에 가입하려는 가능성이 크다. 2) 도덕적 해이 : 보험에
     가입한 이후에는 위험한 행동에 덜 조심한다. 고려하여 보험료
     책정/자신의 위험이 낮다고 생각하면 보험에 가입하지 않고 불확실성을
     감내한다.

117. 보험회사의 수익 원천은 무엇인가요?

   답 : 보험회사 수익 : 회사가 예측한 지급할 예상 보험금과 실제로
     지급되어야 할 보험 지급액과의 차익   + 사업비 수익 + 이자 수익+
     투자수익

118. 위험과 보험과의 관계를 약술하시오.

   답: 위험의 개념과 구분
   '보험'에서 이야기하는 위험(danger) : 어떤 상황이 발생할지가 불확실하
   며, 발생 결과가 부정적인 것을 말한다.
   이는 손실의 가능성과 수익의 기회가 존재하는 투자의 위험(risk)과 차이
   가 있다.   예), 자동차 운전

보험에서는 피보험자의 위험을 객관적으로 측정할 수 있어야 보험료를 산출할 수 있어서 객관적 위험을 보험사고의 대상으로 한다.

119. 위험의 회피는 무엇인가?

답 : 위험의 회피란 손실의 빈도와 심도가 모두 커서 그 위험을 회피하는 것을 말한다. 가령 전쟁지역에 가지 않는 것, 항공기 추락위험을 회피하기 위하여 항공기에 탑승하지 않거나 선박의 침몰위험을 회피하기 위하여 선박에 탑승하지 않는 것, 오토바이 사고를 피하려고 오토바이를 운전하지 않는 것이 대표적인 예이다. 위험의 분산은 위험 발생 대상을 장소적, 시간적, 기술적으로 분산시켜 위험을 관리하는 방법이다.

120. 투자업무에서 위험 분산은 어떤 것인가?

답:

서로 다른 성격의 자산에 나누어 포트폴리오를 구성하는 자산 분산, 투자 시점을 나누어 분산투자라는 시간 분산이다.

121. 금융제도의 기능 중 위험 전가 기능을 약술하시오.

답 :

위험 전가 기능(Risk shifting)은 주로 파생상품에 나타나는 것으로 위험 회피자는 투기자로부터의 이전을 받는다. 헤저(Hedger)로 부터 가격변동 위험을 감수하면서 보다 높은 이익을 추구하려는 투기자(Speculator)로의 이전을 가능하게 하는 것을 의미한다.

122. 금융회사에서 이해 상충이란 무엇인가 ?

답 : 이해 상충은 투자은행이 투자자의 대리인 역할을 할 때 나타난다. 수수료 수입을 올리기 위해 적합하지 않은 상품을 권유하는 것이 대표적이다. 하나의 상품을 매수자와 매도자 모두에게 영업하는 경우에도 발생.

123. 은행에서의 이익의 상충은 어떤 경우 발생하나요?

   답 :
   이해상충(conflict of interest); 한 고객의 이익을 위해 다른 고객의 이익을 희생하거나, 고객의 이익보다 금융기관의 이익을 우선시 하는 것.
   은행은 대출과 증권 업무를 겸영하면서. 부실 기업이 채권을 발행해 은행 대출을 먼저 갚게 한 경우 이에 해당.
   나중에 상업은행과 투자은행의 겸업을 금지하는 글래스-스티걸법 제정으로 방지됨.

124. 평판위험과 이해상충과의 관계를 약술하시오.

   답 ;
   이해상충의 부정적 결과는 '평판 위험(reputational risk)'으로 연결된다. 평판 위험은 기업의 브랜드가 손상을 입는 것으로 재무적 성과와 주가에 악영향을 끼친다.
   해당 사업부 간 출입은 물론 전화· e메일 등 소통도 통제 대상이다.
   금융 외 영역에서도 활용되는데, 삼성전자가 부품 사업 고객인 애플의 요구를 받아들여 완제품(스마트폰)과 부품(반도체) 사업부를 독립적으로 양분한 것이 이에 해당한다.

125. 대리인 비용 3가지를 나열하시오.

   답 :
   ① 확증비용   ② 감시비용   ③ 잔여손실

126. 디지털 금융이 금융중개기능에 미치는 효과 3가지를 약술하시오.

   1) 디지털 혁신에 따른 금융혁신
     지급결제·송금, 자금중개, 금융투자 등의 금융서비스 제공을 확대하면서 기존 금융회사와 협업 또는 경쟁하는 형태로 금융산업 구조 변화를 초래

   2) 기능별 분화 및 플랫폼화
   3) 네트워크효과 기반의 높은 확산성

127. 최근 IT 기술의 발달로 금융 패러다임이 전환되고 있는 바 예를 들어 보시오.

  답 : ① 플랫폼화(platformization),
       ② 탈중앙화(decentralization)
       ③ 탈중개화(disintermediation)와 AI화

128. 빅테크 기업의 업무 범위는 어디까지 확대되나?
  답 :
      지급지시전달업이나 종합지급결제업이 도입되면 네이버파이낸셜·카카오페이 등 빅테크 기업은 예금·대출을 제외하고 거의 모든 뱅킹서비스를 할 수 있다.

129. 금융업무의 디지털 측면의 진행방향은 무엇인가?

  답 :
   금융업무가 모바일·데이터 기반의 플랫폼 서비스를 중심으로 이루어 질 것이라는 전망이 우세하다. 전통적인 금융기관의 영업 행태가 퇴조할 것이다.

130. 미국의 Glass-Steagall법이 만들어진 동기와 그 내용은 ?

  답 : 내용은 기존 은행을 상업은행과 투자은행으로 구분하고 이들의 업무를 상업은행은 증권의 발행, 인수가 금지되고 증권 관련 자회사 보유도 금지되었으며, 투자은행은 일반인으로부터 예금을 받을 수 없고, 상업은행과 투자은행간에 임직원의 겸직이 금지되었다.

131. 금융화(Financialization)란 무슨 의미인가?

  답 : 최근 국가의 금융부문의 크기와 중요성이 커져서 경제의 대부분을 차지하는 경우를 말한다. 미국이 대표적인 국가로 산업자본주의에서 벗어나

는 경우 발생한다.

132. 학자금 대출이 증가하고 있는 바 이는 금융화로 볼 수 있나요 ?

    답 : YES

133. 금융화는 비금융 기업에 대하여 규모 줄이기와 분산화에 인기를 얻어 증가하고 있다. 맞는가 ?

    답 : YES

134. 주주가치를 극대화하는 것은 주식가격을 최대화하는 것과 같은 가 ?

    답 : No

135. 신자유주의 이론(Neoliberal ideology)에서 정부는 전반적인 경제의 기능에 최소한의 역할을 하여야 주장한다. 맞는가 ?

    답 : YES

136.   비금융분야의 금융화는 낮은 고용을 유발하고, 소득이 경영진이나 자본가에게로 이전되고 노동자 사이의 (불평등   )이 심화된다.

137.   금융에 의한 시장의 집중화는 무엇인가 ?

   답 : 경제의 비금융분야가 금융투자의 세계로 편입되는 것

138. 일본에서 부품을 수입하는 영국인은 엔화로 지급한다. 그는 일본에서 그 부품의 가격 상승에 걱정하지 않는다면 왜 그런가 ? 또 무슨 이론에 의한 것인가 ?

    답 :

이는 (구매평가이론: PPP) 이론에 의거 국제시장에서 (엔 화) 의 가치가
하락하여 영국인이 부담하는 파운드의 양이 변화하지 않가 때문이다.

139. 디플레이션 기간에는 명목이자율과 실질 이자율이 각 각 어떻게 변하나 /

답 : 실질이자율이 명목이자율보다 높다.

140. 증권거래소의 기능은 기업에 자금을 공급하기 위한 것인가 ?

답 :
1차적으로 상장 주식을 거래하기위한 곳이고 자금 공급은 다른 방식으로도
가능하다.

141. 왜 손해보험회사는 인수 위험 underwriting cycles를 가지는가 ?

답 : 미래의 변화를 예측할 수 없다. 경기 사이클이 발생한다.
보험 지급 사유가 적게 발생하면 이익이고 많이 발생하면 손해이다.

142. 기후변화의 리스크가 보험회사에 어떠한 영향을 미치는 가 ?

답 : 친환경적인 상품 개발, 자연재해에 대비하는 보험과 재보험을 개발,
기후순응적인 고객에 대한 혜택 제공

143. 보험회사와 기후와의 관계는 무엇인가 ?

답 :
앞으로 기후는 보험회사에 있어 "core business" 이다. 즉 기후변화에
과학적인 이해가 필요하고 보험 차원의 인센티브가 제공되어야한다.

144. 일반 소규모 금융회사가 은행에 대하여 경쟁하는 분야는 ? 금융위기 시
에는 그런 회사의 리스크가 증가하는가

답 : 소상공인, 중소기업 대출 분야에 경쟁우위 있다. 금융위기시
　　중소기업의 부도가 증가하여 리스크 증가

145. 중앙은행의 독립성이 소득이 높은 국가에서 더 쉽게 달성되는가 ?

　답 : 그렇다. 통화정책에 대한 시장과 국민의 신뢰를 확보할 수 있어야
　한다. 이를 위해 중앙은행은 정치·정부·시장의 영향에서 탈피하여 통화정책
　에 관한 의사결정을 독립적으로 할 수 있는 능력을 배양해야 하므로 소득
　이 높은 국가가 국민들의 관심도가 높아 더 쉽게 달성 될수 있다.

146. 금(Gold)은 인플레에 대비하는 수단이 되나 ?

　　답 : 항상 그런 것은 아니다. 세계 경기가 불안할 때는 금값이 강세이지
　　만 경기가 안정기에 접어들면 상황은 바뀌고 금값이 하락할 수 있다.
　　실질 금리가 오르면 이자도 없는 금 대신 더 높은 수익을 기대할 수
　　있는 채권투자로 바뀐다.

147. 은행은 금융거래의 처리비용이 저렴하다 왜 그런가 ?

　　　답 ;
　　　규모의 경제, 범위의 경제, 기술력과 네트워크

148. **보험용어를 알아보자**
　　insurer 보험회사 보험자 / 보험료 Premium /
　　insurant insured 피보험자 /   책임보험금 / 보험회사가 적립
　　보험수혜자 beneficiary = 피보험자 (손해보험)   생명보험 다를수 있다.

149. Financial regulation 은 국가별로 다 같지 않고 차이가 약간 있다. 이 것이 바람직한가 ?

   답 :
   금융기관 들은 연결되어 있어 국제적인 규제가 세계적으로 동일한 것이 필요하다.

150. 정보획득 비용과 거래비용이 없다면 금융중개기관이 존재하지 않은 가 ?

   답 그럼에도 금융 업무의 사무적 효율성을 위하여 존재한다.

151. Moral hazard 의 특수한 형태는 Principal-Agent 문제이다. 약술하시오.

   답 :
   주인-대리인 문제는 권한을 위임하는 사람을 주인(principal)이라고 하며 위임 받은 사람을 대리인(agent)이라고 합니다. 주인은 대리인에게 권한을 위임하면서 주인을 위해 노력해줄 것을 약속 받고 그에 따른 보상을 하기로 계약을 맺습니다.

152. Lucas Critique 는 무엇인가 ?

   답 ; 안정화 정책의 수립과 집행에 있어 경제주체의 기대를 합리적으로 반영하지 않은 경제모형을 활용하는 경우 안정화 정책이 경제를 더 불안하게 만들 수 있다는 것으로서 경제학자인 Lucas가 주장한 이론으로 전통적 경제 모형 활용에 대한 비판을 말한다.

157. 관계금융의 개념, 비용을 Keyword 중심으로 약술하시오.

   답 :
   정보의 비대칭을 줄이기 위하여 은행과 고객이 친밀하여 그 차이를 줄이고 다양한 지원으로 고객을 도우는 금융이다. 협상력 약화, 연성예산제약
,   교체 비용이 발생한다.

158. 대출 이자율결정에서 균형점은 " (1 + ①) X (1 - ②) - 1= ③ + ④"
    이다. 번호에 항목을 적어시오.

    답 : ①대출이자율 ②부도율 ③무위험이자율 ④대출시 경비

159. 자본, 자본금. 납입자본금, 실질자본금을 구분 약술하시오.

    답 :
    자본 : 자산 - 부채
    자본금 : 자본 중 납입된 현금 (납입자본금, 실질자본금)
    납입자본금 : 등기부등본상의 등기된 자본의 총계
    실질자본금 : 재무제표상 표시되는 자본금액

160. 금융회사의 대출이 부실화되는 경우 도덕적 해이가 발생한다.
    약술하시오.

    답 : 은행과 차입자의 양자간 정보의 비대칭성 등으로 인하여, 차입자가
        대출 값을 생각없이 영업을 하는 경우 도덕적 해이(moral hazard)가
        발생. 금융회사에 피해를 주는 경우이다.

161. 금융중개기능을 정의하고 세분화하고 금융회사가 그것을 수행하는 데
    있어 강점을 약술하시오.

    답 : 금융중개기능 : 저축자에게 간접증권(예금통장, 채권증서)를
        제공하여 자금을 조달하고 자금수요자에게 대출증서나 주식을 받고
        자금을 운용하는 기능으로 세분화하면 다음과 같다.
    1) 만기의 변환 : 단기예금 => 장기 대출 로 변환

금리위험, 유동성 위험 을 수반

2) 정보의 생산 : 기업관련 정보를 확득하고 분석- 통하여 기업에 대출,
   서민이나 중소기업에 대출
3) 예금 인출에 대비한 자금 준비
4) 예금과 대출자산관리시 위험 회피하고 비용을 절감
5) 보험의 공급 : 예금자의 수가 많아 위험을 분산하여 적게 만든다.

162. 가계는 예금하면서 대출받은 기업의 부도를 방지하기 위하여 감시를
     (은행) 에 위임한다.

163. 금융회사가 금융중개기능을 수행할 수 있는 강점, 이유를 약술하시오.

답 :
1) 상호보험 필요성,   분산효과   포트폴리오 구성에 전문적 지식 =
2) 위험관리능력   강함
3) 정보의 생산과 전달에 우위
4) 감시비용 절감 (규모의 경제, 범위의 경제)
   - 위임감시   기능 /   감시비용의 절감

164. 금융규제는 **정보의 비대칭성**, moral hazard, adverse selection 등의
    문제점을 줄이는 방법이다.   각 각 설명하시오

답 :
 1) 정보의 비대칭성 : 필요한 정보를 가진 규모의 차이

 2) 도덕적 해이 moral Hazard   대리인이 사용자를 위하여 어떤

임무를 수행할 때 발생/ 대리인이 사용자가 요구하는 만큼 일하지
않는 경우
- 고용주의 해결 방안
- 감독강화, 높은 임금 지급, 보수의 지급연기
3) 역선택 : Adverse selection /정보가 적은 구매자가 불리한 물건을
선택할 수 있다. 중고차 시장이 전형적이다.
노동시장 / 유능한 근로자를 위해 높은 임금 지급
보험시장 / 건강문제 있는자 : 가입 많이 한다
건강한 사람 가입 유인이 줄어든다.

165. 영업이익과 순이익중 중요성이 더 큰 것은 무엇인가 ?

답 : 순이익에는 영업외 이익이 포함되어 영업이익이 중요하다.

166. 은행의 금융회사로서의 특징은 무엇인가 ?

답 :
예금 대출 외환, 송금, 지급 보증 등 종합적인 금융업무를 제공하고,
예금으로 자금 조달하고   예대마진으로 이익을 확보한다.

167. 재무제표상 제조업과 금융회사의 차이 3개 나열하시오

답 :
자산이 금융자산
제조업은 공장 설비, 부동산
부채비율 차이 - 금융회사는 레버리지가 높다.

168. 대출금리는 어떻게 만들어 지나요 ?

답 : 대출 금리는 대출 기준금리, 가산금리(구성항목별), 가감조정금리,
전결금리로 구분하여 합리적인 기준에 따라 체계적으로 산정되어야
한다. 구분하여 설명.

1) 대출 기준금리 : 대출금리 산정의 기준이 되는 지표금리로서 CD

91일물, 은행채 1년물 등의 시장금리 또는 은행연합회가 공시하는 코픽스 등을 이용

2) 가산금리 : 대출 기준금리에 가산하는 금리로서 신용프리미엄 (예상손실), 자본비용(예상외손실) 등

3) 가감조정 전결금리 : 부수거래가 양호하여 감면하는 금리, 본부가 위험업종, 촉진업종 등에 따른 조정금리, 영업점장이 영업을 위하여 재량으로 결정하는 조정금리 등이 있다.

169. 금융위기의 전염(contagion)에 의해서 1) 무엇이 의미 되는가? 2) 그것은 은행 시스템의 안정성에 어떤 문제를 야기 하는가?

답 :

1) 이런 현상은 하나의 은행에 나쁜 소식이 퍼지면 다른 은행도 포함하여 퍼지는 것을 말한다. 예를 들어 그 소문이 헛 소문이라도 그들의 재산을 강제적인 청산과 관련된 비용 때문에 다른 은행들도 실패할 수 있다는 것을 말한다.

2) 전염으로 은행과 은행이 연결되어 있어 금융 시스템이 붕괴될 수 있다.

3) 코로나로 인해 그 연결성이 더욱 심화되었다 (논문)

170. 금융지주회사는 일반적으로 은행, 카드, 증권, 생명보험, 손해보험, 캐피탈, 저축은행, 자산운용 등을 계열사로 두고 있다.
빅테크가 금융으로 진출하는 것에 대해 지주회사는 어떻게 대처하나 ?

답 : 금융지주회사 제도의 장점으로는 대형화를 통해 금융산업의 경쟁력이 높아지고 단점으로는 시장 지배력이 너무 커질 수 있다는 것과, 금산분리의 약화로 인해 은행이 사(私)금고화 될 가능성이 있다는 점이다. 대기업 계열 금융사들의 경우 지배구조 여건상 금융지주회사로 전환하지 않고 계열사로 두고 있다. 이런 회사들은 '○○금융네트워크'라는 표현을 쓰는 경우가 있다. 대표적으로 한화금융 네트워크나 DB금융네트워크가 있다.

172. 증권회사의 NCR(영업용 순자본 비율)은 ?

   답 :   영업용 순자본 / 총위험액

173. 자산운용회사의 업무와 수익 원천은 ?

   답 : 자금운용수수료, 실적 수수료

174. 보험회사의 위험기준 자기자본 규제를 약술하시오

   답 :   자기자본규제(capital regulation)는 감독당국이 금융회사 경영의
         건전성과 금융시스템 안정성 제고를 위해 금융회사에 노출된
         위험에 대해 일정 비율 이상 자기자본을 보유토록 하는 제도임.
         자기자본을 위험 대비 일정 비율 이상 보유함으로써 금융회사의
         과도한 재무위험을 방지함.

175. 생보사의 책임 준비금을 약술하시오.

   답 :
    생명보험사는 고객이 내는 보험료를 적립하여 미래의 고객을 위한
    보험금 지급에 대비하여야 하는데, 미래 지급보험금에 대비하여 적립한
    금액이 책임준비금이다.

176. 과거?   상호저축은행의 부실화 원인을 약술하시오.

   답 :
    부실 대출, 예금에 대한 고율의 이자 제공, 예금 보장으로 예금액 증가,
    경영진의 도덕적 해이 등

177. 상호금융회사의 종류, 예금보장방법은 무엇인가 ?

    답 : 신용조합, 새마을 금고 등 자체 기금을 중앙회에 적립하여 대비

178. 금융투자회사의 손익에 가장 큰 영향을 주는 항목 3개의 분야를
　　약술하시오.

　　답 :　　자산운용회사는 펀드운용 수수료, 투자자문·일임 수수료(16%) 등
　　운용하는 펀드판매와 자산관리업무를 합한 수익.

179. 생보사와 손보사의 자산운용 방식의 차이는 무엇인가 ?

　　답 생보사 ; 장기적인 자산 투자
　　　손보사 : 즉각 처분이 가능한 자산에 투자

180. 조달금리가 변동하여 발생하는 위험을 설명하시오.

　　답 :　단기 고정금리로 조달하여 장기 고정금리로 운용하는 과정에서
　　　　시장금리 변화로 조달시 손실발생

181. 생명보험회사의 이익의 원천 3가지를 적어시오

　　답 : 보험금의 투자운용이 이익 실현
　　　사고 발생의 확률이 낮은 경우
　　　투자시장의 수익이 향상

182. .유가증권 securities 의 개념, 예를 드시오

　　답 : 증서에 가치가 기입된 주식, 채권, CD, 약속어음 등

183. 유가증권의 인수와 매출의 차이는 무엇인가 ?

　답
　1) 유가증권의 인수는 유가증권의 발행자로부터 그 유가증권의 일부 또는
　　전부를 취득한 후 이것을 일반에게 매출하고 잔량이 생길 경우 이를
　　취득하는 계약을 말한다.

2) 매출은 불특정 다수인에게 균일한 조건으로 이미 발행된 유가증권을
매도 또는 매입하도록 청약을 권유하는 것이며 유가증권을 취득하도록
청약을 권유하는 것이다.

184. 신용조회, 신용조사, 채권추심 3개 업무 약술하시오.

답 ;
1) 신용조회업무 : 금융거래 등 상거래에서 발생한 개인, 법인의
신용정보를 조사, 수집, 처리하여 두었다가 의뢰인의 조회에 따라
신용정보를 제공하는 서비스
2) 신용조사업무 : 의뢰인의 요청을 바탕으로 조사대상자에 대해
신용정보를 조사하여 그 결과를 의뢰인에게 제공하는 서비스
3) 채권추심업무 : 상거래에서 발생한 금전채권으로서 정당한 사유없이
약정기일 내에 변제되지 않은 채권을 채권자로부터 위임받아
채권행사를 대행하는 서비스

185. 금융의 글로벌화의 단점은 무엇인가 ?

답 : 지역기업을 모르고 금융위기 발생가능성이 높아진다.
저임금 국가에 노동력을 빼앗긴다.
문화적인 단일화에 기여한다.
다국적 기업에 유리하다.

186. 신흥시장이 국제적인 투자자에게 인기가 없는 이유는 ?

답 : 빈약한 회계기준, 회사의 지배구조가 불투명, 정보획득 비용이 비싸다, 정치
적인 리스크, 외환 리스크,

187. 이슬람 금융이 다른 기독교 국가의 전통적인 금융방식과 다른 점은 ?

답 : 이자가 없고 배당금 형식으로 예금에 대가를 지급 한다.

188. 감독기관과 은행의 주주와 이익이 충돌하는 사례란 무엇인가 ?

답 : 주주의 이익 행위를 감독기관이 규제한다. 금산분리법 등

189. 최근 국내 지주회사 증가배경을 약술하시오.

답 : 지주회사(Holding Company)는 주식소유를 통해 다른 회사의 사업 내
용을 지배하는 것을 주된 사업으로 하는 회사를 말한다. 지주회사 체제는
계열사 간에 복잡하게 얽혀있는 지분구조를 정리하여 소유구조의 투명성
을 높일 수 있는 장점이 있고
반면, 다층구조로 인해 의사결정 프로세스가 복잡해지는단점이 있다.
지주회사체제가 사업 다각화 측면에서 유리한 기업 구조인 점이 부각되어
최근 IT기업을 중심으로 지주회사가 증가하고 있다.

190. 현재가 1,000원 수익률은 정규분포를 따른다. 일일 수익률의 표준편차
는 5%, 가격 민감도 는 2, 신뢰수준 95%에서 1일 VaR 값을 구하는
식을 작성하시오

답   1일 VaR = 2 X 1.65 X 5% X 1000원

191. 대출금이 1억원, 수수료율 0.1%,   기준대출금리 5% 가산금리 2%,
양건예금 천만원, 지급 준비율 0.5%, 인 경우 (약정) 수익률은 ? **식으로**
표시하시오

답

$$\frac{(\ 0.1 \ \% + 5\% + 2\% \ )}{1 - 0.1 \ (\ 1 - 0.5\%)}$$

192. 볼커 룰은 무엇인가 ?

답 : 은행이 자기자본으로 예금자를 위한 투자가 아니라 은행자신을 위한

　　증권투자, 펀드 투자를 금지

193. 포노사피언스의 의미는 무엇인가?

　답 : 휴대폰을 뜻하는 폰과 생각을 뜻하는 'Sapiens'의 합성어인

　　포노사피언스(Phono Sapiens)'란 '스마트폰 없이 살아가기 힘들어하는

　　세대로 시·공간의 제약없이 자유로운 소통이 가능하고, 빠른 정보전달을

　　누리는 인간을 의미한다.

194. 부스터샷의 의미는?

　답 : 부스터 샷이란 백신의 면역 효과를 강화하기 위하여 일정 시간이 지

　　난 뒤 추가 접종을 하는 것을 의미한다. 접종이 시작된 코로나19 백

　　신의 경우 화이자, 모더나 등 대부분의 백신이 2번 - 3번 접종하는

　　방식이다.

195. 테이퍼링은 무슨 의미인가?

　답 : 테이퍼링(tapering)은 정부가 경제 위기에 대처하기 위해 취했던 양적

　　완화의 규모를 경제에 미치는 부작용을 최소화하면서 점진적으로 축소하

　　는 전략으로 테이퍼링(tapering)은 가늘어지다를 뜻한다.

196. 코로나 19가 금융시장, 개인에 미친 영향을 약술하시오.

　답 :

　　경기 둔화, 기업의 실적 하향에 따라 주가의 변동성이 커지고, 금융시장도

금리 인상, 대출확대 현상을 보이고 있음.
자영업자, 상공인, 개인의 소득이 감소에 따라 소비 위축, 기계대출이
증가하고 있음.

197. 2019년 중 한국은행은 약 36조 원의 화폐를 (   )하고 약 25조 5천
억 원의 화폐를 (   ) 하였다.

　　답 : 발행, 환수

198. 한국은행은 (   )의 은행으로서 국고금을 거두고 공급한다. 정부의
　　재정자금이 부족할 때에는 정부에 일시 자금을 대출해주기도 한다.

　답 : 정부

199. 한국은행은 통화신용정책의 원활한 운용을 위해 (   )을 발행하고 국
공채를 매매 또는 대차하고 있다.

　　답 : 통화안정증권

200. 한국은행 자산의 항목은 주로 외화증권, (   )등이 차지하고 있다.

　답 : 예치금

한국은행은 금융기관이 한국은행에 당좌예금계정을 개설하여 금융기관 상
호간이나 정부기관 등과의 자금결제에 이용한다. 그 예치된 자금을 예치금
이라 한다.
이 계정에 자금을 입금하거나 출금함으로써 다른 금융기관이나 정부기관
등과 주고 받을 자금을 결제하고 있다.

201. 한국은행의 2019년 말 부채규모는 474조 원으로 주요 항목은 무엇인가?

    답 :
       화폐발행, 통화안정증권발행

202. 1990년 대 초 유럽이 통화통합을 실시한 이유는 무엇인가/

    답 : 환전에 따른 거래비용 줄이고 환리스크 헤지

203. 향후 금리가 오를 것으로 예상된다. 은행의 포트폴리오는 어떻게 바꾸는
    것이 좋은 가 ?

    답 : 변동금리 자산을 늘리고 고정금리 부채를 늘린다.

204. 부자들은 리스크를 Take 해야 하는 데 왜 사람들은 리스크를 분산, 공
    유하려고 하는 가 ?

    답 : 보상이 따르지 않는 불필요한 리스크를 줄이고자 한다.

205. 은행은 금융거래에서 금리가 오르는 환경을 좋아하는 가 ??
     왜 그런가 ?

    답 : 하방경직적인 대출 금리를 올려 수익 마진이 증가함.

206. 왜 생명보험회사보다 손해보험회사의 이익이 예측이 힘들고 변동이 심한
    가 ?

    답 : 재산상의 손실이나 사고에 따른 송해는 죽음을 예측하는 것보다 어렵
       기 때문이다.

207. 왜 멕시코 국경이나 플로리다 지역에 현금 수요가 많은 가?

    답 : 마약거래를 위한 현금이 필요

208. 상호금융은 신협, 농·수협, 산림조합을 말한다. 업종별 여신한도의 예를 들어 보시오.

    답 : 개인사업자·법인 대출 중 부동산업·건설업 대출은 총 대출의 각각 30%이하, 그 합계액은 총 대출의 50%이하로 제한한다.

209. 상호금융, 캐피탈, 카드사에서도 신용대출이 발생하는가?

    답 ;
    중신용자에 대한 소규모 대출이 가능하다.

210. 대출 금리 선택에서
    조건 1) (1년차) 1.0% 내외 (변동) (2년 이후) CD금리+1.7%p,
    조건 2) 고정금리 1.5% 중 어느 것이 어떤 경우 차입자에게 유리한가 ?

    답 : 금리가 오를 것이 예상되면 차입자에게 조건 2)로 계약하는 것이 유리하다.

211, 예대율 규제는 **예금수취와 대출**을 업으로 하는 **금융회사의 경영 건전성 확보**를 위한 것이다. 예대율 150%는 무엇을 의미하나요?

    답 : 예금 금액의 150% 범위내 대출이 가능함.

212. 정기예금이 100억, 예금금리 2%, 예금보험료율 0.1%, 법정지급준비율 1% 인 경우 정기예금의 실질 조달비율은 얼마인가 식으로 표시하시오.

 답 :

100 X (2% + 0.1%) / 99 = 법정지급준비율에 의한 추가비용(A)

실질조달비율 = 2% + 0.1% + (A)

213. 은행이 **k원을** 대출한 경우 대출이자율이 r %, 부도율이 d %, 무위험이
자율 R %, 처리비용 c% 이면 이익 금액은 얼마인가 ?

답 : $k(1-d) \times (r - c - R)$

214. 통화량 M 민간의 현금보유비율 C 예금액 D 예금 지급준비율 r 이라
면 본원통화는 얼마인가

답 : $CM + rD$

$= [c + r(1-c)]M$

C: 현금통화, R: 예금은행의 지급준비금, M: 통화량,

D: 요구불예금, c: 현금통화비율, r: 지급준비율

[여기서 $D = M-C = M - cM = M(1-c)$]

215. 금융시장(money market)과 자본시장 차이를 약술하시오.

답 :
금융시장(money market)과 자본시장(capital market)은 자금의 공급자
와 단기 자금회사, 신용금고 등의 금융기관으로 구성된 시장을 의미한다.

216. 1년간 은행의 고정금리 자산이 30억, 변동금리 대출이 10억, 부채에서는
변동금리만 5억인 경우 해당 기간동안 금리가 5% 에서 7%로 상승한다
면 순이자 이익의 변화는 (   )원 이다.

2% X 5억 = 10,000,000원 이자 부채 증가

2% X 10억 = 20,000,000 원 이자 증가

답 : 10,000,000 원

218. 대출수수료가 0.2%, 기준 대출 금리는 5%, 대출기업에 대한 리스크가 1%, 예금에 대한 지급준비율이 10%이라면 대출의 수익률은 ?

답 : 1(1- 10%) X 5%(1-0.1%) - 0.2%

219. 고객의 은행 선택행위는 ATM의 숫자에 좌우 되고 mass media의 광고 advertisement에 의한 영향은 적다. 왜 그런가 ?

답 : 소비자 선택이 거래의 편리성에 주로 기인하기 때문이다.

220. 규제자본과 경제적 자본과의 차이는 무엇인가?

답 : 금융회사에 대한 건전성 규제중 대표적인 것이 자기자본규제인데, 법규가 규제하는 최소한 자기자본이 규제자본(BIS비율)이고 실제 성장을 위한 필요자본은 이보다 큰 경제적 자본이다.

221. 자본의 역할중 가장 큰 것은 무엇인가?

답 :
손실에 대한 최후의 변제 수단이다.

222. 생명보험회사의 부채중 가장 큰 것은 무엇인지 ?   왜 그런가 ?

답 : 책임 보험금으로 고객에 지급할 보험금이기 때문이다.

223. 신용보증기관에서 보증한 것이 기업이 부도되어 보증사고가 난 경우 그

금액을 보증기관이 대신 갚아주는 제도는 ?

답 : 대위변제

224. 보험회사의 수익이 되는 원리나 원천을 2가지 쓰시오

**답   사건 발생의 예상 확률에 소비자, 보험사 간 차이가 존재.
보험회사가 투자한 자산의 수익률.**

225. 과거 상호저축은행의 부실화 원인을 약술하시오

답 : 도덕적 해이, 방만 경영

226. 조달금리의 변동위험을 약술하시오.

답 ; 단기 고정금리로 조달하여 장기 고정금리로 운용하는 과정에서
단기의 자금조달이 어려워진 경우 기간 불일치 발생

227. 신용위험을 관리하는 전통적인 방법을 적어시오.

답   ; 높은 대출이자 부과,
대출 한도를 설정,
담보 설정을 통한 채권회수 순위 우선화,
대출의 다변화를 통한 위험 분산,
자산이용 등에 대해 제한적인 대출계약 조항 삽입

228. 보험회사의 영업상 위험 3가지는 무엇인가 ?
(insurance risk)

답 보험인수 전략의 실패, 부적정 보험요율의 산정
   지급 보험금의 부적정한 평가

229. 은행의 ROE가 너무 낮고 자본이 많은 경우 ROE를 올리는 방법은 ?

    답 : 고수익 투자나 대출에 비중을 높인다

230. 왜 주식보유자는 ROA보다 ROE에 신경을 쓰나요

    답 : ROE 는 주가의 순이익이기에 주가와 연결되기 때문이다.

231. 만일 자본을 2배로 늘리고 ROA를 고정시키면 ROE에 무슨일이
     발생하나?

   답 :
    ROA = 순이익 / 총자산 이므로 순이익이 감소하여 ROE가 감소한다.

232. 왜 은행원의 바람직한 특성을 Nosy 라고 하는 가 ?

    nosy   1.참견하기 좋아하는
         2. 꼬치꼬치 캐묻는/ 참견하기 좋아하는 사람
    답 : 정보의 비대칭을 줄일 수 있다.

233. 예대율이 100%라는 이야기는 무슨 의미인가?

    답 : 예금 만큼만 대출

234. 통화 유통 속도로 무엇을 알 수 있나?

　답 : 증가하면 호경기, 줄어들면 경기 침체, 인플레이션으로 화폐가치가
　　　떨어지고 정부 재정부담은 줄어들고 실물가치인 부동산 가격은
　　　올라간다.

235. 은행의 포트폴리오를 다각화한다고 특별한 형태의 대출에 전문화하지
　　않는다는 것과 같은 의미인가 ?

　답 : 포트폴리오 다각화는 업종, 기간, 대출 금액, 투자 형태를 다양화
　　　하여 리스크를 줄이는 정책이고 특별한 대출은 특정한 대상을 중심으로
　　　영업하는 것으로 그 영업에서도 다각화가 이루어 진다.

236. 차입자와 대출자 사이의 정보의 비대칭이 없다면 그래도 Moral hazard
　　문제가 존재하는 가 ?

　답 : 정보의 비대칭이 없더라도 인간의 본성은 나빠질 수 있기 때문에
　　　존재한다.

237. 어떻게 이해의 충돌이 정보의 비대칭성을 더 악화시키나?

　답 : 사적 금융 거래(공적인 자금의 사적 이용)를 감추고 공무원이 자신의
　　　이익으로 하거나, 주가 조작하여 증권을 매입하여 차액을 남기고
　　　매매하는 경우가 생긴다.

238. 생명보험사들은 대기업의 재정적 안정성과 주택시장의 건전성 중 어느
　　것을 더 걱정하는 가 ?

답 : 고객의 대부분이 가계, 일반인이기 때문에 주택시장의 건전성을 더
     걱정한다.

239. too-big-to-fail 문제를 제한하는 3가지 방법은 무엇이고 각 각의 장
     단점은 ?

     답 : 글로벌 금융위기를 초래한 것은 대형금융회사이니 글로벌 차원에서
          이에 대한 규제를 보다 강화한다. 금융당국은 은행의 규모를
          줄이거나, 은행의 업무를 일정부분 규제, 자기자본을 증대한다.

240. 왜 국제적인 규제제도의 협력이 중요한가 ?

     답 : 금융이 한 쪽으로 쏠려서 금융시장이 집중되거나 편중된 결과가
          발생하는 것을 막기 위하여

241. 미국은 왜 1개의 중앙은행이 아니고 12개의 지역의 중앙은행의 분리되어
     있나?

     답 ; 지역의 중앙은행으로 정책을 하기 편하여 12개 지역구로 나누어 조정
:   시차, 지역 특성 등으로 분리함.
242. 금융감독이 부실하여 금융위기를 초래하는 가?

     답 : 단정적으로 말하기 어렵다.
          금융위기 이후 거시건전성 감독의 중요성이 매우 강조되고 있음에도

불구하고 특정한 감독체계로의 개편 추세가 존재한다고 하기 어렵다. 특정한 감독체계가 거시건전성 감독에 최적이라고 하기 어려우며 심지어 감독체계를 개편한 이후의 영국에서도 금융소비자 보호 실패 사례가 나타난다.

243. 2007년~2009년의 금융위기가 Depression을 방지했는 가?

답 : 리먼 브라더스의 도산으로 혼란이지만 대공황까지는 가지 않음

244. BIS 위험조정 자기자본비율 규제 이후 은행의 리스크 대처로 생긴 방법은 ?

답 : 대출채권 유동화, 증권화(securitization), 대출채권매각 **신용파생상품 이용**

245. 어떤 기술 혁신이 subprime 모기지 시장의 발달을 가져왔나 ?

답 : 미국의 서브 프라임 모기지론은 지난 2000년대 들어 자산 유동화증권 (ABS) 시장의 발달 덕분에 증가함.

246. 예금보호제도는 언제나 어디서나 금융위기를 방지할 수 있나?

답 : 예금 전액을 정부가 보장하여 예금 인출을 막거나 여신 회수를 막아서 금융위기를 지연시키지만 방지하는 데는 부족하다.

247. 금융기관의 가치창출은 2가지 큰 업무는 수익창출과 위험성 관리이다.
각각 그 방법을 설명하시오.

답 :
예대차익, 금융 거래 수수료 대출의 포트폴리오 구성, 리스크 관리를 위한
전문인력 채용

248. 금융위기의 전염 contagion 이란 무엇인가?

1) contagion에 의해서 무엇이 의미되는가?
2) 은행 시스템의 안정성에 어떤 문제를 야기 하는가?

답 : 하나의 은행에 나쁜 소식이 퍼지면 다른 은행도 포함하여 퍼지는 것을 말
한다. 예를 들어 그 소문이 헛소문 이라도 그들의 재산을 강제적인 청산과
관련된 비용 때문에 이것들을 해결할 수 있는 다른 은행들도 실패할 수 있다
는 것을 말한다

249. 한국은행도 적자인 경우가 있는가? 어떤 경우인가?

답 : 환율방어 비용 6조 1천억 원..올해도 대규모 적자 전망
(한겨레신문 2006. 3. 6 일자)
혹은 국고채권의 발행이 과다하여 이자 부담이 큰 경우

250. 기업의 정보관리 기능이란, 조직 내 각종 (의사결정)이 효율적이고
효과적으로 이뤄질 수 있도록 필요한 정보를 필요한 때에 필요한
사람들에게 체계적으로 제공하는 일체의 활동을 일컫는다. 조직의 MIS

기능의 3가지 요소는 무엇인가?

답 : **기술, 사람, 데이터**.

251. 은행 통장의 마그네틱 스트라이프는 정보조작의 가능성이 높다. 이 경우 핀테크의 발전에서 더 보안성이 강한 무엇이 있다. 무엇으로 바꾸어야 하나?

   답 : Smart chip ATM cards 스마트 칩
      핀테크의 경우 Biometric sensors가 발달

252. 은행 산업이 Omni-channel 과 branchless banking을 지향하고 있다. 무엇인가?

   답 : 영업장 방문보다 휴대폰, 인터넷 위주로 발전할 것임.

253. 지급준비금에 해당하지 않는 예금에 높은 이자를 지급하는 때도 있다. 그래도 이익을 만들 수 있나요?

   답 : 대출 이자가 더 높다.

254. 법정 지급준비제도가 없다면 지급준비금으로 은행이 예치할까요 ?

   답 : 급작 스러운 예금 인출로 현금을 제공하여야 하므로 지점에 현금 예치 및 보관

255. 1 억 원의 정부자금이 제공된다면 최대 가능한 통화증가액은 얼마인가?

답 : 1억 / 지급준비율

256. 미국에서 1982년과 1985년 사이에 이자율이 떨어졌다. 그러나 289개 은행이 파산했다. 그중 70%는 10개 주에 한정되었다. 일리노이, 캔사스 미주리, 오래곤, 등에 왜 부도가 집중되었는 가 ?

답 : 그 지역은 농업지역으로 농업의 부진으로 농가에 대한 대출 부실화로 은행이 파산

257. 통화지표중 M1, M2란 무엇인가?

답 : M1=현금통화+요구불예금+수시입출식 저축성예금
   M2= M1+ 정기예금,적금 + 시장형 금융상품(CD,RP,표지어음)+실적 배당형금융상품(금전신탁,수익증권 등)+금융채 등등

258. M2 자금이 3배로 증가하였다면 어떻게 그런 일이 발생하는 가?

답 : 펀드의 증가

259. 1930년대 어떤 학자들은 예금액의 100%를 지급준비금으로 보유해야 한다고 주장하였다. 통화 공급에 어떤 영향을 주는가?

답 : 통화 공급이 줄어든다.

260. E-Wallets은 무엇인가? 어떤 영향을 금융에 미치나?

답 : FinTech financial services의 일종으로 Samsung Pay, PayPal, Android Pay, and Apple Pay 등

다양하게 P2P payments, top-up & utility bills, international remittances, booking tickets 등에 사용된다.

261. 예금보험공사가 은행의 신용등급을 공표하는 것이 위법한 데 왜 그런가?

답 : 신용등급이 낮은 은행의 경우 예금의 인출로 은행이 부도 위기에 빠질 수 있어 비밀로 한다.

262. 서민금융회사의 경우 순 자산이 총 자산의 2%이고 그 경우 레버리지 비율은 얼마인가 ? 또 자산 수익률이 8%라면 순자산 수익률은 ?

답 : 순자산 0.02 총자산 1,

레버리지 비율 =
타인자본 / 자기자본 = 0.98 / 0.02 = 49   즉   4,900%
순이익 / 1 = 0.08   순이익 0.08 이다.
0.08 / 0.02 = 4   순자산수익률   400%

263. 큰 은행의 수익률이 작은 은행보다 더 높다고 생각한다면 그 이유는?

답 : 규모의 경제. 범위의 경제

264. A은행의 자산이 채권과 대출로 대부분 구성된 경우 거시적 리스크 사례 2개, 특유한 리스크 idiosyncratic 2개의 예를 드시오.

답 :
    1) 거시적 리스크 : 기업의 부도로 신용리스크, 금리리스크
    2) 특유한 리스크 : 업종의 편중, 채권 신용등급 하락

265. 비금융회사의 금융화와 관련되는 share   buybacks은 무슨 뜻인가?

답 : 회사가 주식 환매를 통하여 주주에게 보상해 준다. 이익금을 이용하여

266. 최근 금융시장의 새로운 경향은 무엇인가?

답: 인공지능 Artificial Intelligence, 디지털 변환
Digital Transformations.

267. 금융화에 의하여 부정적인 영향을 받는 것 3개의 예를 들어 보시요.

답 : 장기적인 생산성, 임금 불평등, 학생 학자금 대출

268. 업무제휴의 이점은 무엇인가?

답 :
상호 보완적 업무에 협조가 가능하다. 틈새고객에 대하여 맞춤 해결책을 제시할 수 있다.

사례
Cross River Bank and fintech partners, Affirm.

269. Taiwan에 대한 연구에서 증권회사가 금융지주에 소속된 경우 경영성과가 좋다. 왜 그런가 ?

답 :
대주주의 지분이 증가하면 금융지주회사에 소속된 증권회사의 운영 효율성이 높다. 증권 매매로 인한 수익은 비금융 지주사의 경우 효율성이 높다.

270. 핀테크가 어떻게 은행 산업을 변화시킬 것인가?

답 : 영업점 중심의 업무처리를 다양한 디지털 채널을 통해 바꾼다.
온라인, 사회적, 모바일 등의 채널로 전통적인 영업점 중심의 업무처리의 의존도를 줄인다.

271. 중앙은행의 디지털 화폐는 현금을 대체할 수 있나요?

　　답 :　가능하다.

272. 맥도날드 회사의 빅맥이나 항공사의 항공기는 어떠한 통제가 필요한가

　　(제품 품질보증,　항공기 정비)

　　답 :　사전통제

273.　메타버스란 무슨 의미인가 ?

　　답　가상을 뜻하는 '메타'(meta)와 우주를 뜻하는 '유니버스'(universe)를
　　　　합친 합성어로 3차원에서 실제 생활과 가상속의 게임형 활동인 직업, 금
　　　　융, 학습 등이 연결된 가상 세계를 뜻한다.

274. 전문가집단들에 대한 동기 부여방법은 어떤 방식이 좋은가?

　　답 : 자율성을 부여하여야 한다.

275. 베트남에서의 일선 근로자 관리는 어떻게 하나요?

　　답 : 일선 근로자의 자존심이 강하여 관리자를　베트남 사람으로 뽑아야
　　　　효율적이다.

276. 집단내 개인간의 비공식적인 연결패턴은 무엇이라 하나?

답 : 소셜네트워크 구조

277. communication의 장애 요인 중 수신자에게 정보가 호의적으로 보이게
하려고 정보를 의도적으로 조작하는 것은?

답 : 여과(filtering)

278. P2P 대출업체의 장단점은?

답 :
소액으로 고수익 거래에 투자가 가능하고 단점은 원금보장이 안 된다.
신용리스크의 소비자 전가
P2P대출 플랫폼의 경우, 적절하게 감독되더라도 신용 등 관련 리스크가
실질적으로 최종 투자자에게 전가될 수 있다. 이로 인해 금융상품이나
상품에 내재된 리스크를 이해하지 못하는 투자자가 큰 손실을 입을
가능성이 크다.

279. 왜 대형은행들은 새로운 파괴적인 금융기술을 두려워하나 ?

답 : 그러한 기술을 빨리 받아 활용할 수 없고 의사결정이 느리다.

280. 금융회사와 예금은행과의 차이점은?

답 : 자금조달에서 예금은행은 예금으로 조달하고 비은행 금융회사들은 자금을
빌려서 혹은 채권 발행으로 영업자금을 조달하여 영업한다.

281. 신용카드사는 왜 영업수익이 좋은 가 ? 수익은 ?

답 : 단기 고수익 대출로 포트폴리오 구성

282. 감독기관과 은행 주주 이익이 충돌하는 상황의 사례는 설명하시오

    답 :
    감독기관은 규제를 강화하고 은행의 안정적 거래를 선호하나 은행 주주는
    이익의 극대화를 추구함. 은행들은 이익공유제에 부정적, 정부는 금리 하향
    을 원함.

283. 예금 기관이 유동성, 이자율, 신용리스크가 증권회사와 다른 점은?

    답 : 증권사는 유동성 리스크가 적다. 이자율 리스크 없다. 신용리스크도 주식
    담보로 대출한다면 적다.

284. microlending 이 어떻게 확장되고 최근의 경향은?

    답 :   그런 모델의 수익이 안정적이지 못해 은행형태로 발전하였는데 가난한
    사람에 대한 비영리 대출이 지속 가능하도록 특별한 정부의 자금지원 조
    치가 필요함.
    그러한 업무가 지금은 대형화, IPO, 이익 중시로 흐르고 있다

285. 보험회사에서 long-tail of liability는 무엇인가? 손보사의 실적에 영향을 주
    는가?

    답 : 기간이 오래 지속되는 보험이다. 자주 발생하지만 잘 클레임이 발생하지는
    않는다.

286. shadow banking은 무엇인가 ?

    답 :
    금융기관 인데 은행과 같은 다양한 규제는 받지 않고 예금보험도 가입하지
    않는다. 중앙은행의 유동성 감독도 없는 기관이다   핀테크도 기술회사에서 지
    급, 결제 영역으로 전환하고 있다.

287. 핀테크 회사로 새로운 대출 형태로 영업하는 외국의 회사는?

답 : lending club, quicken loans, Kabbage commonbond

288 은행이 A 회사의 주식을 매입하고 대출도 한다면 금융시스템에 Moral Hazard가 증가하는가 ?

답 :

신용이나 대출의 양이 증가하지만 총량이 대출 규정 내에 있다면 무방합니다.

289. 대출의 types 등이 시간이 지나면서 어떠한 형태로 변하는 가?

답 : 은행이 그 대출을 담보로 채권 발행하여 다시 활용하기 위하여 담보부 채권 형식으로 변한다.

290. 자산 40조원, 부채 36조 원, ROA가 2% 이면 ROE는 얼마인가 ?

답 : 이익 = 8000억,   8000억/ 4조 = 20%

291. 디파이(DeFi)는 무슨의미인가 ?

답 :

중개기관 없이 블록체인 기술을 기반으로 가상자산을 활용한 분산된 금융을 의미하며 분산되어 있는 금융(Decentralized Finance)의 약자이다. 통제하는 중앙기관이 없다. 모든 참여자가 금융기관 없이도 시스템과 알고리즘을 통해 금융서비스 이용이 가능하다.

292. NFT란 무엇인가 ?

  답 : 대체불가능한 토큰(Non-Fungible Token)의 약자로, 하나의 토큰을
       다른 토큰으로 대체하는 것이 불가능한 토큰을 의미한다.

293. 알파세대의 의미는 ?

  답
  2010년 이후 출생자로 기술적인 혁신을 배운 세대로 AI, 기계에 익숙함

294. 스테이블코인의 의미는 무엇인가 ?

  답 : 기존 가상화폐의 변동성을 최소화하기 위해 달러화 등 법정 화폐
       가치에 연동된 가상화폐이다.
295. MZ 세대의 의미는 ?

  답 : 1980년대 초반~2000년대 초반 출생한 밀레니엄(M) 세대와 1990년대
  중반~2000년대 초반 출생한 Z세대를 아울러 이르는 말이다. 디지털 환경에
  익숙하면서, 아날로그를 경험한 경계 사이에 있는 세대라는 특징을 보인다.

295-2. 화폐의 중립성(Neutrality)이란 무슨 의미인가?

  답 : 화폐의 양이 변화하는 것은 가격, 임금, 환율 등의 명목 변수에 영
        향을 미치고 실질 변수인 고용, 실질 소비액, 실질 GDP에는 영향을
        미치지 않는다는 것을 말한다.

295-3. 중소기업의 자금조달을 원활히 하기 위해 신용보증기금 등이 신용을
보증하여 발행하는 담보부 증권을 무엇이라 하는 가 ?

답 : Primary CBO

295-4. 실업률은 zero가 될 수 없다. 왜 그런가?

답 : 구조적 실업, 마찰적 실업이 존재하기 때문이다.

295-5. 소기업이나 가계가 통화정책의 변화에 더 민감하다. 맞는 가 ?

답 : 작은 기업이 큰 기업보다 화폐통화 정책으로 영향을 더 받는다.
은행 대출을 축소하면 즉각 소기업 CP 발행이 증가한다.

295-6 개인들은 (자산분배)에 신경을 쓰고 은행은 portfolio 배분에 집중한다.

답 : 자산배분

295-7. 국제적인 은행시장이 존재하는 이유는 무엇인가?

답 : 수요측면의 은행서비스 만족을 추구/
risk sharing, liqudity risk 관리, lnformation 획득을 위하여
존재한다.

295-8. 국제적인 은행들이 관리할 리스크는 무엇인가 ? 무슨 관리방법이 있나 ?

답 : exchange rate risk - 파생상품을 이용한다.

295-9. 외환리스크와 금리리스크를 동시에 헤지하는 방법은 무엇인가?

답 : currency swap

295-10. 세금은 inflation과 같이 손해를 준다. 왜 그런가?

답 :   소득의 감소

295-11. 미리 약정하고 정한 (   ) 때문에 기업은 가격을 즉각 inflation에 대처하여 조정할 수 없다.

답 : 생산비용

295-12. 기업의 경우 내부에서 조달하는 자금이 저렴하다. 외부자금보다 더 저렴하다. 왜 그런가?

답 : 왜냐하면 정보의 비대칭성이 줄어들기 때문아다.

선다형

296. 금융회사에 대한 다음의 설명 중 틀린 것은 ?
① 금융회사를 Financial Intermediation 이라고도 한다.
② 은행이 다른 금융회사와의 차이점은 종합적인 금융업무를 제공하기 때문이다.
③ 재무와 금융은 같이 공급측면을 강조하지만 재무는 기업의 금융을 주로 다룬다.
④ 일정한 경제내에 금융회사가 존재하는 이유는 중개기능을 수행하여 금융
    서비스를 제공하기 때문이다.
⑤ 금융회사는 금융자산의 만기, 가격, 규모 등을 변환시키고 이에 발생하는 위험을
    부담한다.

297. 다음의 금융시장에 대한 설명이다. 틀린 것은 ?
① 미국의 글라스-스티걸 법이 서브프라임 금융위기를 유발시켰다.
② 정부가 이자율의 상한을 규제하면 자금의 초과수요가 발생한다.
③ 자본시장법은 포괄주의규율로 원본 손실가능성이 있는 모든 금융상품을
    대상으로 한다.
④ 서브프라임 모기지 시장에서 촉발된 금융위기로 한국은 외화자금을
    확보하기 위하여 중앙은행간 통화스왑을 체결하였다.
⑤ 최근의 금융산업 추세는 증권화, 대형화, 겸업화, 정보화, 규제강화 등이다.

298. 금융회사의 위험관리에 대한 사항이다. 틀린 것은 ?
① 저축성보험은 자산운용에 따른 위험도 관리해야 한다.
② 위험의 예상규모가 너무 커면 회피하는 것이 좋다.
③ 특정업무의 위험관리시 비교우위를 가진 제3자가 있으면 위험을 이전한다.
④ 위험부담이 영업의 핵심이면 적극적으로 관리하고 수익을 창출하여야한다.
⑤ 위 문항 ④의 방법에는 증권화, 대출채권 매각 등이 활용된다.

299. 다음의 설명 중 틀린 것은 ?

① 예대율이 높을수록 은행의 영업이익은 커진다.
② 정부가 화폐발행의 독점권을 갖고 무한정으로 Fiat Money를 발행할 수 있고 이는 소유자에 대한 정부의 부채로 간주된다.
③ 주조차익(seigniorage)은 화폐에 내재된 상품가치와 표시된 가치와의 차익을 말하며 중앙은행의 이익금으로 편입된다.
④ 정보의 비대칭성이나 금융거래비용 등이 없는 완전시장에서는 금융회사의 역할이 존재하지 않는다.
⑤ 조선시대의 지폐인 저화는 화폐가치가 신뢰를 받지 못하여 실패하였다.

300. 금융회사가 금융 중개기능을 수행할 수 있는 원인과 가장 거리가 먼것은 ?

① 위험의 부담과 분산효과추구
② 공동보험
③ 정보의 신뢰성 제공
④ 관계금융
⑤ 위임감시기능의 수행

301. 은행이 다른 금융회사에 비하여 정보생산이 유리한 원인이다.
    아닌 것은 ?
①정보의 비대칭성
② 정보의 비밀 보장
③ 전문적인 정보생산능력
④ 예금거래로부터 정보취득 용이
⑤ 대출로 신용정보에 접근 가능

302. 은행경영에 대한 설명이다. 틀린 것은 ?
① 은행의 총이익 = 이자수익 – 이자비용 + 비이자손익
② NIM은 이자수익업무를 보여준다.
③ ROE = ROA/자기자본비율 이다.
④ 은행의 존속가치가 청산가치보다 크면 P/B비율은 1보다 크다.
⑤ A은행의 부채비율이 1000% 라면 자기자본비율은 10%이다.

303. 은행의 새로운 경영평가 방법이다. 틀린 것은 ?
① RAROC(risk-adjusted return on capital) 는 (순이익-예상손실)/자본이다.
② 경제적 부가가치는 세후 순영업이익에서 (최저요구수익률 X 자본)을 차감한 수치이다.
③ 경제적 부가가치를 계산할 때 순현금흐름을 최저요구수익률과 사업의 위험성을 감안한 할인율로 현가화한다.
④ 금융감독당국은 은행실태 평가를 5개 분야로 분석한다.
⑤ 무위험이자율이 5% 수익의 표준편차가 5억원이면 100억원의 자본이 필요하다.

304. 은행의 부채구조 선택에 영향을 미치는 요인이 아닌 것은 ?
① 예금의 만기가 집중
② 법정지급준비율의 적정성
③ 조달금리의 구조
④ 파생상품 규모의 균형
⑤ 핵심예금과 시장성 부채의 균형

305. 은행의 여신에 대한 설명이다. 틀린 것은 ?
① 신용조사의 주요목적은 조사대상에 대한 신용,상환능력을 위주로 검토한다.
② 여신감리는 여신취급부서와 별도로 여신의 적정성을 검토한다.
③ 동일한 업체에 대한 신용공여 한도는 금융회사 자기자본의 20% 이내이다.
④ 신용평가는 원리금 상환 능력을 평가한다.
⑤ 대손 충당금은 여신의 부실에 대비하여 적립하는 금액으로 정상적인 여신도 적립한다.

306. 부외거래에 대한 설명이다. 틀린 것은 ?

① 부외거래업무는 재무상태표 작성시점에는 약정만 있고 그러한 약정이 자산과 부채에 존재하지 않기 때문에 장부 밖에 기재된다.

② 우발채무는 우발사건부 약정에 의하여 발생가능한 채무이다.

③ 신용장은 무역거래시 수입자가 물건대금을 지급하지 못하는 사건이 생긴 경우 신용장 발급은행이 수출자에게 대신 지급한다.

④ 자산유동화의 경우 대출채권은 재무상태표에서 사라지지만 소구권이 붙어 있는 경우 은행자산으로 다시 환원될 수 있는 부외거래이다.

⑤ Standby L/C 는 채무보증을 목적으로 한 특수한 형태의 신용장이다.

307. 대출약정의 위험관리에 대한 설명 중 틀린 것은 ?

① 신용위험을 피하기 위하여 약정변경조항을 활용한다.

② 위험프리미엄이 적정수준보다 낮게 책정되면 손실을 볼 수 있다.

③ 금융감독 당국은 대출약정의 미사용액에 대하여 신용위험 환산율을 곱하여 대출액으로 간주한다.

④ 대출약정에 불구하고 대출을 거절하면 소송의 가능성이 있다.

⑤ 은행의 대출기준금리가 평균 조달금리와 비례하여 변하기 때문에 약정변경조항이 작동하기 전에 대출한도를 다 사용할 수 가 있다. 유동성 위험이 발생할 수 있다.

308. 비이자 수익업무에 대한 설명이다. 틀린 것은 ?

① 미국은행의 비이자수익 구조에서 증권, 보험업무에 따른 수익비중은 높지 않다.

② 과거 수수료는 금리에 반영시키는 상품간 교차보조방법으로 손실을 보전하였다.

③ 최근은 활동기준을 근거로 원가계산을 하며 은행 공통으로 계산하고 있다.

④ 수수료업무는 경기변동에 따른 영향을 거의 받지 않으므로 수익변동을 완화시킨다.

⑤ 프로젝트 파이낸싱은 사업주가 Paper company에 자본금을 출자하여 진행되며 대규모자금을 조달하기 위하여 다수의 금융회사가 공동으로 참여한다.

309. 비이자 수익업무에 대한 설명 중 틀린 것은 ?

① 국내은행들의 PB업무는 증권회사의 랩어카운트 업무와 유사하다.
② 은행의 자금은 전 세계적으로 돌면서 자원 개발, 부동산 개발을 위하여 지속적으로 사용되고 있다.
③ 수수료 책정시 선도은행을 따르는 경향이 크다.
④ 방카슈랑스는 금융겸업화의 사례로 손해보험 관련 보험이 대부분이다.
⑤ 자산관리, 방카슈랑스, 신용카드등도 수수료 수익관련 업무이다.

310. 자본에 대한 설명이다. 틀린 것은 ?
① 자본은 손실을 흡수하는 완충역할을 하므로 많을수록 좋다.
② 자본의 2가지 역할은 소유권과 영업을 위한 자본 조달이다.
③ 레버리지비율은 총자산의 신용위험, 이자율위험 등을 고려하지 않는다.
④ 시장이 평가하는 은행자본의 가치는 장부상의 것과 다르다.
⑤ 자본규모가 작을수록 은행의 주가가 상승한다.

311. BIS에 대한 다음 설명 중 틀린 것은 ?

① 2008년 시행된 BIS II 에서는 신용, 시장, 운영 위험을 고려한 위험자산이 분모가 된다.
② 후순위 채권은 보완자본이다.
③ 신용위험 가중비율은 기업대출의 경우 100%이다.
④ BIS I 에서 신용위험을 중심으로 계산한 후 나중에 시장위험이 추가되었다.
⑤ 규제자본은 유동성 위험, 금리위험 등을 고려한다.

312. 최근 Cyprus 사태에 대한 설명이다. 틀린 것은 ?
① 은행예금에 부담금을 부과하여 수입을 올리는 방안이 진행되고 있다.
② EU 소속 국가로 조세피난처이다.
③ 터키국채를 구입한 은행이 손실을 입었다.
④ 유로화를 사용한다.
⑤ 예금인출이 일어나 출납기계에서 찾는 금액을 제한하였다.

313. 은행경영에 대한 설명이다. 틀린 것은 ?

① 은행의 총이익 = 이자수익 - 이자비용 + 비이자손익
② NIM은 이자수익업무를 보여준다.
③ ROE = ROA/자기자본비율 이다.
④ 은행의 존속가치가 청산가치보다 크면 P/B비율은 1보다 작다.
⑤ A은행의 부채비율이 1000% 라면 자기자본비율은 1/11 이다.

314. 다음은 의사소통의 실패 예이다. 아닌 것은 ?

① 왜곡(distortion) ②누락(omission) ③과부하(overloading)
④ 무응답 ⑤ 편견

315. 금융기관에 대한 다음의 설명중 틀린 것은 ?

① 투자대상이 전통적인 주식, 채권을 벗어나 부동산 천연자원 등에 투자하는 것을 대체투자라 한다.
② 투자은행은 증권의 인수, M&A, 기업구조조정 등을 주로 담당한다.
③ 자본시장법에서는 금융투자업간 겸영을 허용하고 있다.
④ 투자 중개업은 누구의 명의로 하든지 타인의 계산으로 금융투자상품을 매도, 매수 한다.
⑤ 투자자문업과 투자일임업은 모두 자문하여 주는 일을 처리하는 업무이다.

316. 증권회사에 대한 다음의 설명중 틀린 것은 ?

① 우리나라 증권회사는 위탁매매업의 비중이 제일 크고 그 수수료로 제일 많다.
② 미국 주요 투자은행의 ROE는 평균 15% 수준이다.
③ 투자은행은 금융상품을 개발하여 금융시장의 증권화를 주도한다.
④ 자본시장법에서의 투자자 보호중 하나는 업무겸영에 따른 이해상충으로부터 투자자를 보호하는 것이다.
⑤ 금융투자업자는 영업용 순자본 비율을 100%이상 유지하여야 한다.

317. 금융투자업에 대한 다음 설명중 틀린 것은 ?
① 금융투자회사의 자산은 현금, 유가증권, 대출채권이 주요항목이다.
② 금융투자회사의 부채는 증권인수에 따른 인수부채의 비중이 가장 크다.
③ 외국인 투자자는 주로 외국계 금융기관을 통하여 거래한다.
④ 우리나라는 파생상품 거래가 주식시장의 거래를 좌우한다.
⑤ 코스닥 시장도 한국거래소에서 거래되고 규제된다.

318. 보험회사에 대한 다음의 설명중 틀린 것은 ?

① 보험료의 지급은 대부분 도덕적 해이나 행태적 위태로 생긴다. ===
② 제 3 보험업은 사람의 질병, 상해, 간병에 의한 보험을 대상으로 한다.
③ 보험고유업무는 보험상품 개발, 판매업무이다.
④ 보험인수(underwriting)는 소비자가 지닌 위험을 받아들이는 가에 대한
   결정 행위이다.
⑤ 손해보험상품에는 화재보험, 자동차 보험, 장기손해보험 등이 있다.

319. 보험회사에 대한 설명중 틀린 것은 ?

① 손해보험회사의 자산은 주로 부동산에 투자한다.
② 생명보험회사에 영향을 미치는 요인은 질병의 만연, 구청 보건소 등이다.
③ 생보사의 자산은 장기적인 채권에 투자한다.
④ 생보사의 부채중 책임준비금이 가장 크다.
⑤ 생보사의 자산은 유가증권이나 대출채권이다.

320. 보험사에 대한 다음 설명중 틀린 것은 ?

① RBC비율은 요구자본을 보유자본으로 나눈 수치이다.
② 주식시장의 침체는 보험사의 운영에 불리하다
③ 건강검진이나 암 조기발견은 생보사에 유리하다
④ 손보사보다 생보사의 부도가 많다.
⑤ 재보험은 손보사가 주로 이용한다.

321. 보험회사의 위험이 아닌 것은 ?
① 보험 인수의 실패
② 부적정 요율의 산정
③ 보험부채의 부적정한 평가
④ 증권시장의 침체
⑤ 생명보험업과 손해보험업의 겸영

322. 비은행 은행에 대한 다음 설명 중 틀린 것은 ?
① 비은행 금융기관에는 상호저축은행, 상호금융기관, 우체국금융이 있다.
② 상호금융기관에는 신용협동조합, 농협, 수협, 산림조합 등이 있고 새마을 금고는 포함되지 않는다.
③ 여신전문금융기관은 차입, 회사채 등 예금 이외의 방법으로 자금을 조달하여 여신업무를 수행한다.
④ 여신전문금융기관의 종류에는 신용카드사, 할부금융사, 시설대여사, 신기술 사업금융사가 있다.
⑤ 자동차 할부금융사는 시장에서 자금을 차입하여 차를 구입할 경우 차를 담보로 잡고 융자를 하면 차구입자는 매월 원금과 이자를 분할하여 상환한다.

323. 연결이 잘못된 것은 ?
① 신용평가사 – 기업에 대한 신용등급 부여
② 신용보증기금 – 기업의 대출에 대한 보증
③ 기술보증기금 – 기술평가 업무도 수행
④ 지역신용보증 재단 – 지역소재 중소기업에 대한 보증
⑤ 채권 추심업무 – 채권자 신용조사, 분석

324. 미국의 저축대부조합 파산사태에 대한 설명이다. 틀린 것은 ?
① 만기불일치 위험이다.
② 단기로 조달한 자금을 장기 주택대출로 운용하다 금리가 상승하여 발생
③ 금리위험이 초래하였다.
④ Reinvestment 위험이다.
⑤ 1980년대 당시 대부조합의 1/3 이상이 파산

325. 위험 관리 방안에 대한 설명 중 틀린 것은 ?
① 효과적인 위험 관리를 위하여는 하향식 구조가 필요하다.
② 이사회는 주기적으로 위험관리지침을 관리
③ 갭비율은 누적 갭을 총자산 - 총부채 로 나눈 것이다.
④ 금리개정 갭이 200억일 경우 순이자율이 1% 감소하면 2억의 순이자이익이 2억 감소한다.
⑤ 금리 개정 갭 산출시 현금은 제외한다.

326. 금리위험이 발생 할 가능성 가장 적은 것은 ?

① 단기 고정금리 조달하여 장기고정금리로 운용
② 장기 고정금리로 조달하여 단기 고정금리로 운용
③ 금리의 상승으로 자산, 부채의 시장가치 감소
④ 부채는 만기 까지 고정금리, 자산은 같은 만기동안 변동금리
⑤ 금리의 하락시 단기부채와 장기자산을 가진 경우

327. 유동성 위험에 대한 설명중 틀린 것은 ?

① 유동성위험은 대출약정에 의해 기대이상으로 대출을 요구할때도 발생한다.
② 유동성 비율은 일정시점 또는 일정기간 기준으로 산출한다.
③ 유동성 비율은 유동성 자산을 유동성 부채로 나누고 100을 곱한다.
④ 유동성 갭은 만기구간별로 계산된 자산과 부채의 차액이다.
⑤ 유동성의 원천에는 지급준비금을 초과한 현금도 포함된다.

328. 환위험이 발생하는 경우가 아닌 것은 ?
① 원화로 조달하여 $로 대출한 경우
② 외화로 조달하여 외화로 운용한 경우 그 금액 크기가 다를 때
③ 조달과 운용의 외화 규모는 같지만 만기가 다른 경우
④ 순 포지션 노출이 0인 경우
⑤ 위 사항 모두 다 해당

329. VaR 에 대한 설명이다.

① 금융상품이 일정기간동안 신뢰수준하에서 기간 동안에 발생가능한 최대손실가능 금액이다.
② 하방위험과 동시에 상방 위험에 주목한다.
③ 시장위험의 측정 모형으로 쓰인다.
④ 1일 VaR 는 일일 수익률의 표준 편차가 사용된다.
⑤ 가격민감도, 신뢰수준에 해당되는 배수, 수익률변동성, 포지션 가치 등을 곱하여 계산한다.

330. 신용위험에 대한 설명이다. 틀린 것은 ?
① 국가위험, 거래상대방 위험, 채무불이행 위험을 포함한다.
② 신용평점모형은 채무불이행에 관련된 요인에 가중치를 부여하여 점수를 산정한다.
③ 알트만의 Z평점모형은 Z 값이 클수록 채무불이행 위험이 높다.
④ 알트만의 Z'-평점모형은 비상장 기업의 판별을 위한 것이다.
⑤ 신용분석은 비계량적 신용평가방법이다.

331. 일본 야마토 생명보험사의 부실화원인 중 가장 틀린 것은 ?

① 변동금리 채권상품에 과대한 투자 손실
② 고이율을 주는 확정금리 보험상품의 비중이 높음
③ 방카슈랑스 영업보다 전속 설계사 채널을 통한 공격적 영업
④ 일본 정부는 엔고로 인한 불황을 타개하기 위해 저금리 정책 유지
⑤ 약속된 고금리·고배당을 고객에게 돌려주기 위해 주식 부동산 해외파생상품 등 고위험 자산에 투자

332. 환율에 대한 리스크 설명중 틀린 것은 ?
① 이론적인 선물환율은 금리평형이론에 의하여 결정된다.
② 원/달러 3개월 선물환율은 지금 고시되고 있다.
③ 원화/엔화 환율은 국제시장에서 고시된다
④ 달러로 조달하여 원화로 운용한 경우 달러의 가치가 상승하면 환손실 발생한다.
⑤ 순포지션 노출 = 순외화표시 자산 + 순통화 매입

333. 금융위험 사례이다, 가장 적합하지 않은 것은 ?
① 다이아몬드 펀드 _ 금리 위험
② 레이커항공 - 통화와 환율
③ 베어링 은행 - 운영위험
④ 오렌지카운티 - 시장위험
⑤ LTCM - 유동성 위험

334. 환율 설명이다. 틀린 것은 ?
① 원/달러 환율상승은 원화의 강세를 의한다.
② 달러가 강세되면 엔/달러 환율은 상승한다.
③ 환율을 1달러 : 1000원 으로 표시한다.
④ 은행의 재무상태표에 외화자산은 달러로 표시한다.
⑤ 원화 가치 상승은 엔화./달러 의 상승과는 무관하다.

335. 금융기관에 대한 다음의 설명 중 틀린 것은 ?
① 금융기관을 Financial Intermediation 이라고도 한다.
② 은행이 다른 금융기관과의 차이점은 종합적인 금융업무를 제공하기 때문이다.
③ 재무와 금융은 같이 공급측면을 강조하지만 재무는 기업의 금융을 주로 다룬다.
④ 일정한 경제내에 금융기관이 존재하는 이유는 중개기능을 수행하여 금융 서비스를 제공하기 때문이다.
⑤ 금융기관은 금융자산의 만기, 가격, 규모 등을 변환시키고 이에 발생하는 위험을 부담한다.

336. 다음의 금융시장에 대한 설명이다. 틀린 것은 ?
① 미국의 글라스-스티걸 법이 서브프라임 금융위기를 유발시켰다.
② 정부가 이자율의 상한을 규제하면 자금의 초과수요가 발생한다.
③ 자본시장법은 포괄주의규율로 원본 손실가능성이 있는 모든 금융상품을 대상으로 한다.
④ 서브프라임 모기지 시장에서 촉발된 금융위기로 한국은 외화자금을 확보하기 위하여 중앙은행간 통화스왑을 체결하였다.
⑤ 최근의 금융산업 추세는 증권화, 대형화, 겸업화, 정보화, 규제강화 등이다.

337. 금융기관의 위험관리에 대한 사항이다. 틀린 것은 ?
① 저축성보험은 자산운용에 따른 위험도 관리해야 한다.
② 위험의 예상규모가 너무 커면 회피하는 것이 좋다.
③ 특정업무의 위험관리시 비교우위를 가진 제3자가 있으면 위험을 이전한다.
④ 위험부담이 영업의 핵심이면 적극적으로 관리하고 수익을 창출하여야한다.
⑤ 위 문항 ④의 방법에는 증권화, 대출채권 매각 등이 활용된다.

338. 다음의 설명 중 틀린 것은 ?

① 예대율이 높을수록 은행의 영업이익은 커진다.
② 정부가 화폐발행의 독점권을 갖고 무한정으로 Fiat Money를 발행할 수 있고 이는 소유자에 대한 정부의 부채로 간주된다.
③ 주조차익(seigniorage)은 화폐에 내재된 상품가치와 표시된 가치와의 차익을 말하며 중앙은행의 이익금으로 편입된다.
④ 정보의 비대칭성이나 금융거래비용 등이 없는 완전시장에서는 금융기관의 역할이 존재하지 않는다.
⑤ 조선시대의 지폐인 저화는 화폐가치가 신뢰를 받지 못하여 실패하였다.

339. 금융기관이 금융중개기능을 수행할 수 있는 원인과 가장 거리가 먼 것은 ?
① 위험의 부담과 분산효과추구
② 공동보험
③ 정보의 신뢰성 제공
④ 관계금융
⑤ 위임감시기능의 수행

340. 은행이 다른 금융기관에 비하여 정보생산이 유리한 원인이다. 아닌 것은 ?

① 정보의 비대칭성 발견
② 정보의 비밀 보장
③ 전문적인 정보생산능력
④ 예금거래로부터 정보취득 용이
⑤ 대출로 신용정보에 접근 가능

341. 인적자원관리에 관한 사항이다. 틀린 것은 ?

① 노동조합, 법적인 환경도 관련된다.
② 인적자원계획은 적당한 때에 적재적소에 적절한 수의 인원을 확보하는 것이다.
③ 현재 평가에는 직무 분석이 중요하다.
④ 정리해고 대안에 파면도 포함된다.
⑤ 선발은 고용되면 누가 성공적일까 예측하는 일이다.

342. 과학적 관리 이론과 가장 거리가 먼 것은 ?

① Taylor, 길브래이스 부부
② 작업표준 매뉴얼
③ 경제적 인센티브
④ 작업장의 조명도 연구
⑤ 육체노동에 대한 과학적 연구

343. 다음 중 조직행위론에 해당되는 것은 ?

① 상황 적합성 접근법
② 개방시스템으로서 조직
③ if THEN 관리방식
④ Hawthorne에 의한 인간행위 연구
⑤ 계량적 접근법

344. 리더십 행동이론에 대한 것 중 인간과 생산에 대한 관심을 1- 9의 척도로 파악하는 이론은 ?

① 아이오와 대학 ② 미시간 대학

③ 경영격자 ④ 오하이오 대학 ⑤ 경로-목표이론

345. 다음의 리더십 이론 중 틀린 것은?

① 변형적 리더십 --- 부하를 자극하고 성과내도록 독려

② 카리스마 리더십 -- 환경이 불확실하거나 스트레스 상태 적절

③ 리더-구성원 교환이론 -- 내집단, 외집단

④ 비전적 리더십 -- 미래의 비전 제시

⑤ 경로-목표이론 --- 4가지의 리더십

346. 팀리더의 역할이 아닌 것은 ?

① 코치

② 리더의 권한부여

③ 외부와 연락

④ 갈등 관리자

⑤ 문제 해결자

347. 다음 중 연결이 잘못 된 것은 ?

① Hawthorne 연구 -- 전사적 품질관리

② Fayol -- 14가지 경영원칙

③ Weber -- 관료제

④ 계량적 접근법 -- 경영과학

⑤ 길브레이스 부부 -- 동작 연구

348. 동기부여 설명이 틀린 것은 ?

① Y이론 : 인간에 대한 긍정적 관점

② Herzberg의 동기요인, 위생요인

③ McClelland 의 성취욕구, 권력욕구, 소속욕구

④ 목표설정이론 - 어려운 목표가 성과가 좋다

⑤ 자기유능감 - 자기행동이 목표지향적 이다.

349. 다음중 인적 자원관리에 해당되지 않는 것은 ?

① 다운사이징

② 성희롱 관리

③ 종업원 건강관리 비용

④ 일과 가정생활 균형

⑤ 관리부문 경력

350. 작업하는 공장현장에서의 통제요인이 아닌 것은 ?

　① 직장에서 사적인 인터넷 사용 ② 월드컵 열기 ③ 절도 나 폭력 ④ 문화적 차이

　⑤ 벤치마킹

351. 다음의 자금 조달방법중 가장 비용이 큰 것은 ?

　① 주식발행 ② 장기 사채발행 ③ 일시적인 은행차입 ④ 잉여이익

　⑤ 경영자의 돈

352. 명품, 헤르메스의 스카프 등의 비싼 가격은 어떤 가치에 의한 것인가 ?

　① 가치기준 가격　②원가기준 가격

　③ 제품수명주기 기준 가격

　④ 시장기준 가격　⑤ 심리적 가격

353. 인적자원관리에 관한 사항이다. 틀린 것은 ?

 ① 노동조합, 법적인 환경도 관련된다.

 ② 인적자원계획은 적당한 때에 적재적소에 적절한 수의 인원을 확보하는 것이다.

 ③ 현재 평가에는 직무 분석이 중요하다.

 ④ 정리해고 대안에 파면도 포함된다.

 ⑤ 선발은 고용되면 누가 성공적일까 예측하는 일이다.

354. 과학적 관리 이론과 가장 거리가 먼 것은 ?

① Taylor, 길브래이스 부부

② 작업표준 매뉴얼

③ 경제적 인센티브

④ 작업장의 조명도 연구

⑤ 육체노동에 대한 과학적 연구

355. 다음 중 조직행위론에 해당되는 것은 ?

① 상황 적합성 접근법

② 개방시스템으로서 조직

③ if THEN 관리방식

④ Hawthorne에 의한 인간행위 연구

⑤ 계량적 접근법

356. 리더십 행동이론에 대한 것 중 인간과 생산에 대한 관심을 1- 9의 척도로 파악하는 이론은 ?

① 아이오와 대학 ② 미시간 대학 ③ 경영격자 ④ 오하이오 대학

⑤ 경로-목표이론

357. 다음의 리더십 이론 중 틀린 것은

① 변형적 리더십 --- 부하를 자극하고 성과내도록 독려

② 카리스마 리더십   --   환경이 불확실하거나 스트레스 상태 적절

③ 리더-구성원 교환이론 -- 내집단, 외집단

④ 비전적 리더십 --   미래의 비전 제시

⑤ 경로-목표이론 ---   4가지의 리더십

358. 다음 중 연결이 잘못 된 것은 ?

① Hawthorne 연구 -- 전사적 품질관리

② Fayol -- 14가지 경영원칙

③ Weber --   관료제

④ 계량적 접근법 --   경영과학

⑤ 길브레이스 부부 -- 동작 연구

359. 인적 자원관리에 해당되지 않는 것은 ?

① 다운사이징

② 성희롱 관리

③ 종업원 건강관리 비용

④ 일과 가정생활 균형

⑤ 관리부문 경력

360. 작업장에서의 통제요인이 아닌 것은 ?

① 직장에서 사적인 인터넷 사용 ② 월드컵 열기

③ 절도 나 폭력 ④ 문화적 차이

⑤ 벤치마킹

361. 다음의 자금 조달방법중 가장 비용이 큰 것은 ?

① 주식발행 ② 장기 사채발행 ③ 일시적인 은행차입 ④ 잉여이익 ⑤
경영자의 돈

362. 명품, 헤르메스의 스카프 등의 비싼 가격은 어떤 가치에 의한 것인가 ?
　① 가치기준 가격　②원가기준 가격　③ 제품수명주기 기준 가격
　④시장기준 가격　　⑤ 심리적 가격

363. 다음 중 틀린 것은 ?
① 인력의 다양성을 관리 하는 데 어려움은 개인적 선입관이나 Glass Ceiling
　을 들수 있다.
② 고정관념은 우리가 그 사람을 평가할 때 소속집단을 기준으로 평가하는
　것이다.
③ Glass Ceiling 이란 보이지 않는 장벽이 소수민족과 여성들을 관리자
　자리에 오르지 못하게 하는 것을 말한다.
④ 다양한 인력으로 변화하는 소비자 욕구에 대응할 수 있다.
⑤ 조직이 인력 다양성으로 비용절감이나 조직의 기능 개선에 효과는 거의
　없다.

364. 인력 다양성의 관리전략으로 될 수 없는 것은 ?
① 법률
② 보상 프로그램
③ 멘토링(mentoring)
④ 다양성에 대한 기술적인 훈련
⑤ 직원 자원 그룹

365. 윤리적 비윤리적 행동에 영향을 미치는 요인이 가장 아닌 것은 ?

① 외부적 통제

② 목표설정

③ 기업문화

④ 도덕성 개발

⑤ 이슈의 강도

366. 윤리적 행동을 증진 시키기 방안이 아닌 것은 ?

① 윤리 조례

② 비공식적인 보호 메카니즘

③ 비현실적인 목표와 행동에 대한 성과 평가

④ 독립적인 사회 감사

⑤ 종업원 선발시 점검

367. 인적자원관리가 왜 중요한가? 가장 아닌 것은 ?

① 경쟁우위의 원천

② 인간관계의 확대

③ 조직전략에 중요

④ 종업원의 생산성

⑤ 유능한 직원의 유지

368. 다운 사이징의 관리 방안이 아닌 것은 ?

① 비공개적인 은밀한 통보

② 잔류직원에 지원

③ 임금과 복리 중단에 제반 법규 준수

④ 개개인의 역할 재임명

⑤ 사기진작에 초점

369. 전통적 종업원훈련 방법이 아닌 것은 ?

① OJT

② 순환보직

③ 작업메뉴얼

④ 현실적 직무 예고

⑤ 멘토와 코치

370. 효과적인 팀 만들기가 가장 아닌 것은 ?

① 회사내의 인정

② 상호신뢰

③ 관련기술

④ 명확한 목표

⑤ 협상기술

371. 다음중 틀린 것은 ?

① 작업팀과 작업집단은 구조가 다르다.

② 과업의 복잡성과 상호의존성이 집단의 효율성에 영향을 미친다.

③ 갈등은 전통적 관점에서 보면 좋지 않다.

④ 작업팀은 스포츠 팀과 상반되는 특징을 갖는다.

⑤ 기능간 팀은 다양한 직능 전문가 출신으로 구성된 작업팀이다.

372. 작업집단의 내부구조에 대한 설명이다. 틀린 것은 ?

① 규범 - 익명성에 의한 부작용도 있다.

② 동조 - 집단사고(Group thinking)

③ 지위체계의 불일치 - 집단 몰입도는 낮아진다.

④ 집단응집력 - 생산성 높다.

⑤ 갈등의 상호작용적 관점 - 절대적으로 불필요하다.

373. 조직행동론에 대한 다음 사항 중 가장 무관한 것은 ?

① 개인행동, 집단 행동, 조직행동 등에 관심이 있다.

② 조직의 가시적인 측면을 연구한다.

③ 연구목표는 인간행동을 설명하고 예측하고 영향을 미치는 일이다.

④ 조직구조 조직문화 등 조직적 측면도 본다.

⑤ 종업원 생산성, 결근, 이직률, 조직시민행동, 직무만족, 작업장의 잘못된 행동 등
   6가지의 요소를 예측한다.

374. 행동을 강화하는 방법이 아닌 것은 ?

① 긍정적 강화

② 부정적 강화

③ 작동적 조건화

④ 처벌

⑤ 소거

375. 직원의 아이디어를 얻는 방법이 아닌 것은 ?

① 타운 홀 미팅

② 훈련의 투자

③ 공동의 문제 해결

④ 인트라 넷 발언대

⑤ 정보 경로의 다변화

376. 관리자가 효과적인 커뮤니케이션을 하기 위한 방법이 아닌 것은 ?

① 언어적 비언어적 피드백

② 언어의 간소화

③ 비언어적인 단서 포착

④ 특수집단내의 전문용어 사용

⑤ 방어

377. 동기부여에 대한 이론의 연결이다 틀린 것은 ?

① McGregor - 부정적인 X이론과 긍정적인 Y이론

② Herzberg - 동기요인 과 위생요인

③ McClelland - 3가지 욕구이론

④ Victor Vroom 의 기대이론 - 다른 사람의 투입과 산출을 비교

⑤ 목표설정이론 - 관리자와 직원 공동의 문제 해결

378. 동기부여에 대한 다음의 설명중 틀린 것은 ?

① 문화간 동기부여 방식이 다르다.

② 전문가들의 동기부여는 자신의 일을 즐기도록 하는 것이다.

③ 강화이론은 목표, 기대, 요구 같은 요인을 중시한다.

④ 경제적 불황기에는 돈 안드는 동기부여 수단이 필요

⑤ 남성은 직무의 자율성을 중시한다

379. 리더십 행동이론 중 민주적, 독재적, 방임적 리더십으로 분류한 이론은

① 아이오와 대학

② 오하이오 주립대학

③ 미시간 대학

④ 경영격자

⑤ 리더의 특성

380.과업 중심형- 관계 중심형 과 관계 되는 이론은 ?

① 경로-목표 모형

② 리더-구성원 교환이론

③ 변형적 리더십

④ 거래적 리더십

⑤ Fiedler 의 상황적 리더십

381. 직원의 아이디어를 얻는 방법이 아닌 것은 ?
① 타운 홀 미팅

② 그레이프바인

③ 훈련의 투자

④ 관리자와 직원 공동의 문제 해결

⑤ 제안함, 제안제도 시행

382. Hersey 와 Blanchard 의 리더스타일중 리더와 부하가 의사결정을 분담하는
것은 ?
① 설명형

② 설득형

③ 준비형

④ 참여형

⑤ 위임형

383. 팀리더의 역할이 아닌 것은 ?

① 코치

② 리더의 권한부여

③ 외부와 연락

④ 갈등 관리자

⑤ 문제 해결자

384. 은행경영에 대한 설명이다. 틀린 것은 ?
① 은행의 총이익 = 이자수익 - 이자비용 + 비이자손익
② NIM은 이자수익업무를 보여준다.
③ ROE = ROA/자기자본비율 이다.
④ 은행의 존속가치가 청산가치보다 크면 P/B비율은 1보다 크다.
⑤ A은행의 부채비율이 1000% 라면 자기자본비율은 10%이다.

385. 은행의 새로운 경영평가 방법이다. 틀린 것은 ?
① RAROC(risk-adjusted return on capital) 는 (순이익-예상손실)/자본
   이다.
② 경제적 부가가치는 세후 순영업이익에서 (최저요구수익률 X 자본)을
   차감한 수치이다.
③ 경제적 부가가치를 계산할 때 순현금흐름을 최저요구수익률과 사업의
   위험성을 감안한 할인율로 현가화한다.
④ 금융감독당국은 은행실태 평가를 5개 분야로 분석한다.
⑤ 무위험이자율이 5% 수익의 표준편차가 5억원이면 100억원의 자본이
   필요하다.

386. 은행의 부채구조 선택에 영향을 미치는 요인이 아닌 것은 ?
① 예금의 만기가 집중
② 법정지급준비율의 적정성
③ 조달금리의 구조
④ 파생상품 규모의 균형
⑤ 핵심예금과 시장성 부채의 균형

387. 은행의 여신에 대한 설명이다. 틀린 것은 ?

① 신용조사의 주요목적은 조사대상에 대한 신용,상환능력을 위주로 검토한다.

② 여신감리는 여신취급부서와 별도로 여신의 적정성을 검토한다.

③ 동일한 업체에 대한 신용공여 한도는 금융기관 자기자본의 20% 이내이다.

④ 신용평가는 원리금 상환 능력을 평가한다.

⑤ 대손 충당금은 여신의 부실에 대비하여 적립하는 금액으로 정상적인 여신도 적립한다.

388. 부외거래에 대한 설명이다. 틀린 것은 ?

① 부외거래업무는 재무상태표 작성시점에는 약정만 있고 언젠가는 그러한 약정이 자산과 부채에 포함된다.

② 우발채무는 우발사건부 약정에 의하여 발생가능한 채무이다.

③ 신용장은 무역거래시 수입자가 물건대금을 지급하지 못하는 사건이 생긴 경우 신용장 발급은행이 수출자에게 대신 지급한다.

④ 자산유동화의 경우 대출채권은 재무상태표에서 사라지지만 소구권이 붙어 있는 경우 은행자산으로 다시 환원될 수 있는 부외거래이다.

⑤ Standby L/C 는 채무보증을 목적으로 한 특수한 형태의 신용장이다.

389. 대출약정의 위험관리에 대한 설명 중 틀린 것은 ?

① 약정변경조항을 활용하여 은행이 부당이익을 취할 수 있다.

② 은행은 대출약정한 경우 신용위험과 이자율 위험을 완전히 제거하기 불가능하다.

③ 금융감독 당국은 대출약정의 미사용액에 대하여 신용위험 환산율을 곱하여 대출액으로 간주한다.

④ 대출약정에 불구하고 대출을 거절하면 소송의 가능성이 있다.

⑤ 은행의 약정변경조항이 작동하기 전에 대출한도를 다 사용하는 경우 유동성 위험이 발생할 수 있다.

390. 비이자 수익업무에 대한 설명이다. 틀린 것은 ?
① 미국은행의 비이자수익 구조에서 증권, 보험업무에 따른 수익비중은 높지
   않다.
② 과거 수수료는 금리에 반영시키는 상품간 교차보조방법으로 손실을 보전하
   였다.
③ 최근은 활동기준을 근거로 원가계산을 하며 은행 공통으로 계산하고 있다.
④ 수수료 업무는 경기변동에 따른 영향을 거의 받지 않으므로 수익변동을
   완화시킨다.
⑤ 프로젝트 파이낸싱은 사업주가 Paper company에 자본금을 출자하여 진행
   되며 대규모자금을 조달하기 위하여 다수의 금융기관이 공동으로 참여한다.

391. 비이자 수익업무에 대한 설명 중 틀린 것은 ?

① 국내은행들의 PB업무는 증권회사의 랩어카운트 업무와 유사하다.
② 은행의 자금은 전 세계적으로 돌면서 자원 개발, 부동산 개발을 위하여
   지속적으로 사용되고 있다.
③ 수수료 책정시 선도은행을 따르는 한계가 있다.
④ 방카슈랑스는 금융겸업화의 사례로 손해보험 관련 보험이 대부분이다.
⑤ 자산관리, 방카슈랑스, 신용카드등도 수수료 수익관련 업무이다.

392. 자본에 대한 설명이다. 틀린 것은 ?
① 자본은 손실을 흡수하는 완충역할을 하므로 많을수록 좋다.
② 자본의 2가지 역할은 소유권과 영업을 위한 자본 조달이다.
③ 레버리지비율은 총자산의 신용위험, 이자율위험 등을 고려하지 않는다.
④ 시장이 평가하는 은행자본의 가치는 장부상의 것과 다르다.
⑤ 자본규모는 은행의 위험총량에 따라 결정된다.

393. BIS에 대한 다음 설명 중 틀린 것은 ?
① 2008년 시행된 BIS Ⅱ에서는 신용, 시장, 운영 위험을 고려한 위험자산이
   분모가 된다.
② 후순위 채권은 보완자본이다.
③ 신용위험 가중비율은 기업대출의 경우 100%이다.
④ BIS Ⅰ에서 처음 신용위험만 고려하였으나 나중에 시장위험이 추가되었다.
⑤ 규제자본은 유동성 위험, 금리위험 등을 고려한다.

394. 최근 Cyprus 사태에 대한 설명이다. 틀린 것은 ?
① 은행예금에 부담금을 부과하여 수입을 올리는 방안이 진행되고 있다.
② EU 소속 국가로 조세피난처이다.
③ 터키국채를 구입한 은행이 손실을 입었다.
④ 유로화를 사용한다.
⑤ 예금인출이 일어나 출납기계에서 찾는 금액을 제한하였다.

선다형 문제 정답

문제번호	답	문제번호	답	문제번호	답
				296	3
297	1	298	5	299	3
300	3	330	3	360	5
301	1	331	1	361	3
302	5	332	3	362	1
303	4	333	1	363	5
304	4	334	1	364	2
305	1	335	3	365	1
306	4	336	1	366	2
307	1	337	1	367	5
308	3	338	4	368	1
309	4	339	4	369	4
310	1	340	2	370	1
311	5	341	4	371	4
312	3	342	4	372	5
313	4	343	4	373	2
314	4	344	3	374	3
315	3	345	5	375	5
316	5	346	2	376	5
317	2	347	1	377	4
318	4	348	5	378	3
319	1	349	5	379	1
320	1	350	4	380	5
321	5	351	3	381	2
322	2	352	1	382	4
323	5	353	4	383	2
324	4	354	4	384	5
325	3	355	4	385	2
326	5	356	3	386	4
327	2	357	5	387	1
328	4	358	1	388	4
329	2	359	5	389	1
				390	1
				391	4
				392	5
				393	5
				394	2

금융 논술 대비 예제

이건희 기고문

코로나 속 소상공인·자영업자 생존 전략
칼럼·에세이 | 중소기업뉴스 | 2020-09-28

(서론)

코로나19가 금세 종식되길 바라는 소상공인들의 바람과는 달리 코로나는 앞으로 우리와 함께 할 것으로 보인다.

정부가 방역조치 등으로 코로나19 확산을 막는데 주력한다면 이제 소상공인도 코로나 시대에 자생할 수 있는 방안을 고려해야한다는 이야기다.

코로나19 극복방안으로 최근 비대면 영업 등이 대안으로 떠오르고 있지만 이로는 부족하다. 필자는 장기적으로 자영업이 코로나 시대에 경쟁력을 갖출 수 있는 몇 가지 안을 제안하고자 한다.

(본론)

해외 뉴스에 따르면 뉴욕 맨해튼 코리아타운이 최근 '차 없는 거리'로 지정된 뒤 야외 식당을 오픈해 방역과 경기 활성화를 같이 수행하는 모델로 떠오르고 있다.

한국에서도 환기만 잘 된다면 코로나19의 전염을 줄일 수 있을 것이란 점이 파주 스타벅스 매장의 1층과 2층의 감염정도로 증명되기도 했다.

따라서 이제 오프라인 매장에서는 환기를 그 무엇보다 중요하게 생각해야 한다. 식당은 창문을 오픈하거나 한 쪽면이라도 바깥공기가 통해 공기가 소통되어야 바이러스가 머물지 않기 때문이다. 야외 카페나 노천 식당도 장려돼야 한다. 영업장 주변의 카페나 주변의 공터를 활용해 소상공인들이 코로나 속에서도 영업할 수 있도록 정부가 허가해줘야 한다.

둘째, 매장 분위기 개선도 필요하다. 종업원은 조용히 근무해 말을 줄이고 음악소리는 낮게 해 손님들이 마스크를 쓰고 이야기할 수 있는 분위기가 돼야 한다. 2단계로 사회적 거리두기가 약화되면서 식당 좌석이나 커피숍 등의 매장 운영방안이 나왔지만 음악소리 등과 같은 세심한 안은 없기 때문에 소상공인들의 선제적인 조치가 도움이 될 것으로 보인다.

셋째, 변화된 소비자 구매결정 요인에 맞춰 새로운 제품을 개발해야 한다. 그중 교통흐름을 방해하지 않는 드라이브스루(Drive through) 창구를 도입하는 것도 도움이 될 것이다. 포장을 위한 주문방식 코너를 별도로 마련하고, 차안에서도 쉽게 먹을 수 있도록 포장 방식을 바꾸는 것도 고려해야 한다.

(결론)

소상공인들이 미래 비즈니스 모델에 대해 아이디어들을 강구하는 동안 정부에서도 세심하고 혁신적인 아이디어로 소상공인과 코로나가 공존할 수 있는 방안을 지속적으로 고민해야 할 때다.

[기고] 이건희 한국중소기업학회 이사

긴급 운영자금 특례보증 절실
 업종변경·타기업과 제휴 고려
 재택근무체제 도입도 바람직

(서론)

코로나19에 따른 중소기업계의 어려움이 하루가 다르게 커지고 있다. 여기에 최근 수도권 중심의 코로나19 확산이 커지고 있어 이제는 정부에서도 코로나19 장기화 조짐에 대비하고, 최악의 경우에 대비해 시나리오를 준비해야 할 시점이다.

(본론)

최근 중소기업중앙회 조사에 따르면 코로나19로 인해 제조업 분야에선 섬유제품업, 비제조업 분야에서는 숙박과 음식점업이 가장 심각한 타격을 받고 있는 것으로 조사됐다. 따라서 정부와 기업은 각 업종별 중소기업의 피해에 대해 필요한 조치들을 체계화하고 정교하게 만들어야 한다.

(결론)

첫째, 현재 중소기업은 고객 감소에 따른 매출 감소로 인한 운영자금 조달이 절실하다. 자금조달을 보완책으로서 준비하고 팬데믹이 종식될 때까지 자금을 확보해야 하고 정부는 은행이 대출을 신속하게 제공할 수 있도록 중소기업 지급보증을 주요수단으로 해야 한다.
중소벤처기업부는 코로나19 피해 극복을 위한 긴급 자금 공급을 확보해 중소기업과 소상공인에 대한 긴급 금융지원을 하고 있다. 중소기업을 대상으로 긴급경영안정자금, 대출을 추가로 신규 지원하는 특례보증을 마련해 지원해야 한다. 특히 코로나19로 인한 직접적인 피해가 큰 소상공인에게는 무보증 소액대출을 확대해야 한다.
둘째, 전반적으로 불황을 겪는 기업은 영업과 생산 규모를 줄여야 한다. 음료·세탁·통신 등 생필품 생산업체는 다시 시작해도 팔릴 수 있기 때문에 당분간

규모를 줄이고 그동안 종업원을 돌보고 병에 걸리지 않도록 해야 한다. 바이오와 진단기기, 통신, 반도체는 확장하고 비대면 사업이나 가전은 양호한 국면이고 온라인 교육과 에듀테크 사업, 게임산업은 인프라 구축과 투자가 활발히 이뤄지고 있다. 그러나 자동차, 기계, 섬유 등의 분야는 전반적으로 글로벌 수요가 감소하기 때문에 생산 및 수출이 크게 감소할 것으로 보인다.

셋째, 영업 업종을 변형시키거나 합병을 하거나 다른 기업과 제휴해야 한다. 도마뱀처럼 자신의 일부도 포기할 줄 알아야 일부라도 생존이 가능하다.

또한 생산시설이나 영업을 바꿔 일시적으로 혹은 영구히 코로나19에 필요한 생산으로 바꾼다. 숙박업은 사무실 임대로 전환하고 섬유업체는 고객에 맞는 천으로 마스크, 방호복, 보건위생상품 등을 생산하고 온라인·언택트 비즈니스에 연결시켜야 한다. 항공사나 해운사도 신선 식품의 배달, 화물의 운송으로 업종을 다변화해야 한다.

넷째, 재택근무 시스템을 도입하고 원거리 설비로 기존설비를 교체하거나 변형하는 것을 장기적으로 검토한다. 석유가격의 하락, 원부자재의 국제시세 하락도 이용해 생산비를 줄이는 방안도 강구할 필요가 있다.

[기고] 이건희 한국중소기업학회 이사

'中企 밀착형' 데이터3법을 기대한다

칼럼·에세이 | 중소기업뉴스 | 2020-03-30

(도입 부)

4차산업혁명의 핵심이라고 할 수 있는 데이터와 관련 산업이 코로나19 사태로 뜨겁게 주목을 받았다. 코로나 확산 초기 확진자의 동선을 제공하며 호응을 얻었던 '코로나맵'과 마스크 대란으로 전국에 긴 줄이 이어지자 마스크 판매처와 재고를 실시간으로 확인할 수 있던 시스템이 만들어 진 것은 공공의 데이터가 민간에게 개방되지 않았다면 없었을 일이다.

(서론)

이처럼 눈에 보이진 않지만 데이터를 촉매로 경제를 활성화 할 수 있는 기회는 우리 사회 곳곳에 있다. 때문에 지난 1월 국회에서 통과된 데이터 3법에 대한 기대가 커지고 있다. 개인정보 보호법·정보통신망법·신용정보법 개정안을 일컫는 데이터 3법은 개인정보보호에 관한 법이 소관 부처별로 나눠 있어 발생하는 중복 규제를 없애 4차산업혁명 도래에 맞춰 개인과 기업이 정보를 활용할 수 있는 폭을 넓히기 위해 마련됐다. 특히 데이터 활용은 사회전체로 공익을 제공하고 중소기업에도 혜택을 줄 수 있다는 점에서 큰 의미가 있다.
때문에 오는 7월로 예정된 시행령 제정에서 중소기업인이나 소상공인도 집적된 데이터의 혜택을 받아 영업이나 제조방식에 응용할 수 있는 방안을 고려해야 한다.

(본론)

우선 데이터가 대기업과 중소기업의 납품단가의 협상에도 활용되도록 관련 데이터 집적하고 이를 서로가 공유해야 한다.
이를 통해 가격을 인하시키는 요인을 상호 모니터함으로써 납품단가를 결정에 불협화음을 없앨 수 있다.

다양한 금융과 비금융 데이터의 세분화를 통해 활용 가능한 정보량을 최대한 확충하고, 데이터를 융합해 적정한 납품단가를 창출할 수 있는 새로운 정보 생산도 추진돼야 한다. 특히 최저임금 인상으로 제조원가는 올랐으나 납품단가는 변하지 않아 중소기업 재정부담이 늘어난 사항을 정확한 데이터를 통해 공개한다면 그 효과가 커질 것이다.

데이터를 기반으로 소상공인의 원활한 자금을 지원하는 '매출망 금융'의 활성화 방안도 추진해야 한다. 중소기업, 소상공인의 신용정보 데이터베이스를 구축하고 이를 통한 금융 프로그램을 만들어 효율화를 높이는 것이다. 개인사업자와 중소기업의 신용평가 방안을 공유하고 이를 각 사업자가 철저하게 관리하도록 지원하는 방법도 동행돼야 할 것이다. 예를 들어 비금융전문평가기관, 개인사업자 전문평가기관이 신설된다면 금융이력이 부족한 사람이나 자영업자들에게 신용도 개선의 효과를 줄 것으로 기대된다.

특히 7월 시행령 제정에 앞서 관련 단체, 이해관계자에 대한 간담회에 중소기업과 소상공인을 참석시켜 의견을 지속적으로 청취해야 한다.

(결론)

중소벤처기업부는 '디지털 경제로의 대전환'이라는 주제로 2020년도 업무계획을 수립했다. 중소기업들도 산재한 데이터를 결합해 새로운 사업을 창출해나가고 정부 등에서 지원하는 육성 정책에 쉽게 접근할 수 있다면 데이터를 중심한 스마트 경제 사회로 진입이 쉬워질 것으로 기대한다.

이건희(한국중소기업학회 이사)

핀테크 접목이 중소기업 혁신 요체

칼럼·에세이 | 중소기업뉴스 | 2020-01-23

(서론)

4차산업혁명으로 금융산업의 패러다임이 급변하면서 핀테크(FinTech)에 대한 중소기업계의 관심도 높아지고 있다.

핀테크는 정보·통신·기술을 금융업무에 결합시켜 부가가치를 생산하는 금융산업을 말하며, 핀테크 기업은 기술적인 혁신을 통하여 비즈니스 모델을 제시하고 금융 서비스나 상품을 소비자나 기업에 알맞도록 개선하거나 변형시켜 수익을 창출하는 기업을 말한다.

이런 핀테크 기업은 대부분 중소기업으로 성공하면 기하급수적인 수익을 창출할 수 있다. 송금, 결제에서 시작해 빅데이터에 의한 신용정보 수집과 분석, 중소기업 금융, 신용카드 업무까지 진출하고 있고 은행자료나 정보를 모아 활용할 수도 있다.

금융감독원의 자료에 의하면 2017년 말 기준 국내 핀테크 기업은 223개사로 서비스 분야별 비율은 '지급/결제' 41%, 'P2P금융' 39%, '로보어드바이저/자산관리' 13% 등이다. '보안/인증', '레그테크' 등 기타 관련 업체는 67개사다.

이런 핀테크 기업은 자체로 수익을 창출하는 영업을 할 수 있고 다른 업종의 영역과 융합해 시너지 효과를 낼 수도 있다. 외국에서는 기업의 SNS를 분석해 대출하는 기업도 있고 은행에 필요한 서류를 대신작성하고 대출을 빨리 받을 수 있도록 처리해 주는 틈새시장의 핀테크 기업도 있다.

가장 활용도가 높은 핀테크 기술은 빅데이터이지만 인공지능과 블록체인 기술의 활용도가 높아지는 추세다.

(본론)

정부는 중소기업의 부가가치를 크게 향상시킬 수 있는 핀테크 분야에 주목할 필요가 있다. AI 분야의 연구 센터를 만들고 창업할 수 있도록 이용 장비나 시스템을 공유하고 교육해야 한다. 대학생들이 주로 창업하는 음식점이나 커피숍, 휴대폰 가게보다 더 기술적이고 장기적이고 전망이 좋은 분야다.

핀테크 기업의 글로벌화에 대한 지원도 필요하다. 이 시장이 점차 증대되고 있고 특징상 국가의 경계를 넘을 수 있기 때문에 중국의 핀테크 기업들이 점차 한국, 동남아 등지로 진출하고 있다.

싱가폴이나 홍콩이 인터넷은행을 다수 인가해 설립하는 이유도 중국 인터넷은행의 진출로 인한 시장의 잠식에 대응하기 위한 것이다.

최근 한국거래소가 코스닥 입성에 도전하는 핀테크 기업을 상장심사에서 우대할 방침을 밝힌 것은 환영할 만하다. 특히 정부는 핀테크 산업은 중소기업의 중심산업으로 키워야 한다고 본다.

　핀테크 기업은 적은 자본으로 기술력을 갖추고 아이디어를 잘 활용해 모바일과 인터넷 기반의 비즈니스모델도 창조가 가능하다. 중소기업과 핀테크 기업의 시너지를 높일 협업방안을 마련한다면 보다 혁신적인 기술과 생산품의 생산이 활발해 질 것으로 기대된다.

이건희 (한국중소기업학회 이사)

소·부·장 中企, 정보교류 '골든타임' 잡아라

칼럼·에세이 | 중소기업뉴스 | 2019-10-28

(서론)

일본 수출 규제로 촉발된 한·일 간 경제 전쟁이 심화되면서 그 어느 때보다 소재·부품·장비(소부장) 산업의 기술력 향상이 시급한 과제로 떠오르고 있다. 이에 정부는 핵심 소부장의 수입 의존도를 낮추기 위한 국가 연구개발(R&D) 사업에 3년 동안 5조원 이상의 집중 투자 계획을 밝히고 소부장 산업 육성 방안을 구체화하고 있다.

국내 소부장 기업들의 기술 개발을 위한 다양한 지원과 정책은 무척이나 환영할 일이다. 중소벤처기업의 경우 R&D에 대해 투자하고 싶어도 자본이나 인력 등 문제로 어려움을 겪는 경우가 많았기 때문이다.

중소기업들은 현재의 문제를 객관적으로 평가하고 적극적인 R&D 투자로 새로운 기술을 개발해야 하는 등 빠른 전략적 판단을 해야 한다. 아웃소싱 형태의 생산이 보편화된 산업계의 특성을 감안해 관련 시스템을 재조정하는 작업도 필요하다. 중소기업은 언제, 무엇을, 누구에게 아웃소싱을 추진하는가가 매우 중요한데, 이를 차질 없이 수행하기 위해 그 과정을 자동적으로 시스템화하는 것이 필요하다.

(본론)

우선 우리 회사가 무엇을 잘 만드는 기술과 장인이 있는지 확인하고, 제조과정을 더욱더 빠르게 단축하고 직원의 개입 없이 어떤 기계의 휴지기간을 줄일 수 있는지 점검해야 한다.

외부협력도 고려해야 한다. 특히 협업의 중요성이 높아지는 가공 기술분야에서는 다양한 기술 분야를 연구할 수 있는 기업 뿐만 아니라 학계와 연구원 분야와도 적극적으로 협력해 단순히 기술의 계승뿐만 아니라 핵심이 되는 기존기술을 보다 효율적으로 개량하는 작업을 추진할 필요가 있다.

중소기업은 완성품 회사와 직접 거래하는 1차 공급업체가 되는 경우가 적기 때문에 거래처가 아닌 그 다음 2차 공급업체의 동향을 파악하고 있어야 한다. 아웃소싱에서 부품관리나 조달, 공급처 선택 등은 적절한 결정이 필요하다. 따라서 복잡한 유통체계를 효율적으로 제안하고 실행해야 한다.

특히 외국에서 대기업에 납품하는 중소기업은 그런 관리가 더욱 더 절실하다. 중소기업은 기술, 관련 시장의 정보 등 자원이 부족하기 때문이다.

따라서 중소기업 부품소재 기업들은 세계시장 관련 정보를 전문적으로 관리한 전담인력을 확보해 신시장 개척과 관련한 정보흐름을 전략적으로 관리하는 것이 필요하다. 또한 빠른 시간내 납품이 가능한 체계를 확립하는 것이 소재, 부품 전문 기업에 더욱 절실하다.

정부와 대기업, 금융기관이 힘을 모아 소부장 중소기업 지원책을 강구하는 작업도 필요하다. 2007년부터 급속히 커진 중국의 자동차 부품산업은 자국의 지원정책에 힘입어 미국 등 글로벌한 부품공급업체와 연결을 맺고 있다. 특히 브레이크 시스템과 잡다한 부품들을 미국으로 수출하고 있다.

(결론)

이와 같이 협력기업에 대한 자금지원, 기술의 국산화를 공동으로 추진해야 빠른 시간안에 소재부품 분야의 국산화에 성공할 것이다.

장기적으로는 기계부품 하나에 집중하는 소기업이나 창업기업이 활약할 수 있도록 자금조달 분야 지원을 확대하고, 금융기관과 중소기업간의 정보교류를 확대해 정보의 부족으로 자금 지원을 받지 못하는 중소기업이 없도록 해야 할 것이다.

이건희 (한국중소기업학회 이사)

혁신형 중소기업을 우대하라

경제발언대 | 중소기업뉴스 | 2019-07-22

(서론)

3차산업혁명이 컴퓨터, 4차산업혁명은 인공지능(AI)으로 대별되는 산업혁명의 주체들이 정해지면서 혁신이 한국에서 더욱 필요하게 되고 중소기업도 그러한 역할을 담당해야 한다는 것이 중론이다. 인공지능 중심하에 빅데이터, 핀테크, 사물인터넷, 로봇, 플랫폼 등은 발전시켜야 하는 하위에 있는 혁신의 한 형태이다.

(본론)

과연 혁신이란 무엇인가? 그 정의가 확립돼야 방향과 실천과제를 명확하게 할 수 있고 팔방미인식으로 나열하지 않는 정책을 시행할 수 있다. 혁신이라는 개념의 원조격인 OECD의 오슬로 지침에 의하면 생산, 과정, 마케팅, 조직화 등에서 새로운 제조기술이나 방식으로 생산성을 획기적으로 향상시키는 것으로 정의된다. 하지만 혁신은 시대와 산업수준, 국가에 따라 다르다.

최근에는 서비스업의 비지니스도 발전해 제조업과 서비스업과의 겹친 부분이나 융합도 혁신의 범주에 넣고 있다. 그러나 한국 상황에서의 혁신은 다음 3가지를 정의요소로 하는 것이 필요하다.

첫 번째는 과학이나 기술을 기반으로 해야한다는 것이다. 특히 경영혁신형 기업에 분명한 범위와 방향을 지정하고, 기술혁신을 추가로 하는 것이 필요하다.

두 번째는 새로운 방식이나 제품을 창안해 새로운 부가가치를 창조하는 것이다. 다른 사업자보다 효율적인 무기나 아이디어로 다른 사업자의 이익을 침해하거나 그 이익을 나누어 가지는 것은 최소한 지금 시점에서는 혁신이 아니다.

마지막으로 창의적 제조업에 집중해 생산성을 향상시키고 연관 효과를 높여 일자리를 제공해야 한다. 이런 혁신은 중소기업에 대한 R&D 개발 촉진을 넘어서는 개념이다.

중소기업에 대한 정책적 지원도 그러한 요소에 맞는 기업에 집중돼야 한다. 우선 중소기업이 선진국의 혁신제품을 참고해 시제품을 만들고 외부의 혁신 아이디어를 도입하는 개방형 혁신 네트워크를 구축하도록 지원해야 한다. 혁신을 위해 필요로 하는 기술과 아이디어를 외부의 대학·연구소 혹은 외국 기업에서 끌어오는 방법이다.

또한 정부 지원으로 이스라엘이나 실리콘 밸리에 창업을 꿈꾸는 혁신가를 많이 견학시켜야 한다. 선진 과학자들과 협업과 전략적 제휴를 통해 새로운 시장과 기술에 눈을 뜰 수 있다. 정부 지원금은 서비스업보다는 과학과 기술에 천착하는 제조업에 치중하고 고용과 연관 산업발전이 높은 분야에 활용될 수 있도록 해야한다. 현재 한국의 살길은 생계형창업이 아니라 기술제조업이다. 기술 기반으로 하는 혁신형 창업기업을 엄격히 선발해 소수 정예로 무상 지원해야 한다. 물론 새로운 비자니스 모형을 개발해 부가가치를 획기적으로 창조하는 기업도 포함됨은 물론이다.

(결론)

기술혁신형 중소기업의 발전과 창업을 위해 정부의 역할은 규제를 과감히 풀고 지식을 창조하고 금융측면에서는 기술개발에 소요되는 자금을 장기적으로 무상지원하되 외국처럼 인건비, 임대료, 소모품비로는 사용할 수 없도록 해야한다. 현행 제도상 혁신형 중소기업이나 기술특허를 가진 기업, 신약 개발에 전력투구하는 기업이 우대받아야 하고 창업자금 지원은 기술을 기반으로 하는 중소·벤처기업에 대해 모험자본으로 지분투자하는 것이 바람직하다.

이건희(경기대학교 국제통상학과 외래교수)

재무전략, 중소기업도 필수다

경제발언대 | 중소기업뉴스 | 2019-05-07

(서론)

전 세계적으로 중소기업에게는 원활한 자금조달이 핵심적인 문제이다. 자금의 부족은 경제전체를 비롯해 기업에도 부도위험을 초래한다. 대부분 우리 중소기업도 정보부족과 재무제표 부실 등의 이유로 자금조달에 어려움을 겪고 있다. 중소기업에 대한 자금융자는 약 70% 정도가 은행대출이다. 하지만 전통적인 은행 대출에서 중소기업은 불리한 위치에 있었다. 중소기업 대출액이 BIS 자기자본규제에서 위험자산으로 분류되기 때문이다. 하지만 최근 중소기업은 좋은 수익원으로 은행들이 관심을 가지고 있다.

2018년 국내은행의 중소기업대출이 37조6000억원 증가하기도 했다. 특히 정부는 성장잠재력이 있는 중소기업과 자영업자에 대한 자금지원도 확대하고 있다.

(본론)

중소기업에 대한 금융은 공시되는 정보의 부족이나 심사능력의 부족으로 인해 부동산이나 신용보증서를 담보로 대출해야 하는 경우가 많다. 이외에도 재무제표가 우수하거나 대출금융기관과 기업과의 오랜 거래관계를 통한 관계금융을 이용하거나 기술력과 성장 잠재력이 높은 벤처기업에 대한 지분 투자 등으로도 자금을 공급받을 수 있다.

특히 과거에는 기업의 사업전망이 양호해도 신용등급이 낮거나 담보가 부족하면 은행이 대출취급에 소극적이었으나, 최근에 이뤄지는 관계금융은 비계량정보를 포함한 모든 기업정보를 종합적으로 평가해 기업이 필요한 자금을 제공하는 것이 특징이다. 사용하는 정보도 대표자의 도덕성, 경영의지, 업계 평판, 거래신뢰도, 사업전망, 채무상환능력, 노사관계의 안정성 등 광범위하다.

따라서 중소기업은 재무적 전략을 짜고 회계자료의 신뢰성을 제고하기 위한 노력이 필요하다.

중소기업의 재무적 전략에서는 첫째 재무적인 지식을 알아야 한다. 재무지식을 알아야 자금조달시 상대방을 설득할 수 있고 다른 동종기업의 평균적인 상황과 비교할 수 있다.

중소기업 대표는 강의프로그램에서 재무적인 지식을 얻고 의사결정을 더 잘하도록 체계적으로 활용하는 것이 필요하다.

둘째 신용관리와 자료의 축적이 절실하다. 최근 정부의 대출 활성화 방안에 따르면 신용취급여신에 대한 정당한 조치기준을 운영해 대출금융기관이 정당한 절차를 거쳐 신용으로 취급한 부실여신의 경우 원칙적으로 책임을 면제하도록 할 예정이다.

기업신용정보는 금융권 공동으로 집중해 여신심사 등에 활용하는 방안도 추진되고 있어 신용관리가 어느때보다 중요하게 됐다.

셋째 혁신기업 지원을 위한 정책금융의 역할이 중요하기 때문에 신호(signaling)효과를 활용한다. 정부기관으로부터 기술력을 인정받거나 보증을 받는 경우 다른 금융기관에 대해 기술력이 우수하다는 것을 인정받기 때문에 신호효과가 크다.

넷째 자원의 제한을 극복하는 틈새전략이다. 중소기업들이 성공적으로 대기업이 지배하는 시장에 진입하기 위해서는 대기업과의 전략적 제휴를 도모해야 한다.

그 과정에서 전략적 사고가 필요하고 그 바탕은 재무적인 분석이 선행돼야 할 것이다. 같은 산업 내에서나 기술 분야에서 탁월한 실적을 올리는 중소기업들이 존재할 것이다.

(결론)

이 기업들의 특징은 단순히 기술개발만 뛰어난 것이 아니라 기술 발전에 관해 강한 친밀감, 지식의 전수와 공유에 참여할 노력과 능력, 직원간의 신뢰감 등이 시너지를 이룬 것이다. 중소기업 대표들이 기술 개발 뿐만 아니라 재무전략, 내부 경영의 능력을 배야해야 하는 이유다.

이건희(경기대학교 외래교수)

중소기업의 인사관리

경제발언대 | 중소기업뉴스 | 2019-05-07

(서론)

기업에서 사장과 직원간의 고용관계는 기업의 형태마다 다르지만 2개의 극단적인 상황에서 출발할 수 있다.

하나는 보편적인 것으로 주로 대기업에 해당되는 것인데 엄격한 규정에 의해 예외없이 질서를 지키고 일사불란하게 조직이 운영된다. 규정에 없는 관행을 나쁜 것이라 보고 일 처리과정에서 종업원을 무시하거나, 일상적인 업무처리에 엄격하고 복잡한 규율로 종업원 관리에 철저를 기한다.

다른 하나는 중소기업에 해당되는 것인데 사장-관리자-종업원 사이의 관계가 비공식적이고 협조적이고 조화로운 관계를 유지하는 것이다. 그래서 이 유형의 중소기업들은 갈등이 적고 비공식적인 의사소통, 노조에 의한 총체적인 의견이 반영된다. 그러한 회사들은 직원의 협조를 얻기 쉽고 인사관리에 신경을 쓰지 않아도 관리자와 종업원 사이에 좋은 관계가 유지 된다.

(본론)

위에 언급한 극단적인 인사관리는 문제를 단순화 시킨 것이다. 그러나 실제로 중소기업은 복잡하고 상호모순적일수도 많고 양극단적인 것 사이에 위치하게 된다.

대기업들은 관행에 따라 관리하고 정부의 노동법률에 따라 움직이지만 중소기업의 인사관리에서는 다양성이 존중돼야 한다. 중소기업의 작업 환경은 복잡하고 비공식적이고, 모순적인 현상을 보이기 때문이다.

고용시스템상의 신뢰, 종업원 참여, 소통 등이 필요하다. 중소기업이 안고 있는 인사 문제들은 여러가지가 있다. 삶의 질을 추구하는 것과 노동의 강도가 강한 중소기업은 서로 상충되기 때문에 이에 대한 적절한 대비책을 CEO는 마련하고 있어야 한다.

급하면 며칠 야간작업도 할 수 있어야 하고 사장도 직접 일에 투입돼야 하고 직원이 모자란 경우에는 퇴직한 직원이나 미흡한 직원도 필요한 기술을 가지고 있으면 다시 고용해야 한다.

사회 전체 분위기나 대기업의 차원에서 근로자들의 정서 관리나 동기부여 관리가 갈수록 더 중요해지고 있는 시점이지만, 중소기업은 우선은 먹고 사는 문제의 해결이 시급한 경우가 많기 때문이다.

따라서 중소기업은 기업의 조직문화, 직장분위기를 바꾸는 작은 노력만으로도 직원들이 만족할 수 있다. 참여도 필수적이다.

중소기업의 경우 정확한 체계도 없이 주먹구구식 인사를 하는 곳이 적지 않다. 중소기업은 직장이 단순하고 화기애애하고 자치적인 것보다 오히려 복잡하고 비공식적이고 모순된 경우가 있기 때문에 인사관리도 사례별로 처리돼야 한다. 그러나 공정하고 직원이 참여하고 소통이 잘 되는 회사는 작은 기업이라도 성과가 좋다.

중소기업에서도 가족기업과 비가족기업과의 인사관리가 다르다. 가족기업은 회사의 가치서열과 가족 간의 가치서열의 다름에 따른 간극으로 문제가 발생한다.

가족기업의 경우 지배구조, 이사회 구성, 관리나 승계의 과정 측면에서 다르고 이사회 장악을 위해 가족에 우선권을 줄 수 있다. 따라서 가족기업은 내부적인 균형을 회사의 원칙에 맞게 조정돼야 한다.

(결론)

전체적인 조직원이 합심단결해야 할 기업에서 권력자를 중심으로 특정 부서인 물들만 승승장구하는 인사시스템은 결국 모든 사람이 실적고양이나 정책적인 노력보다 그런 부서에 관심이 집중돼 균형이 깨지고 위기 시 대응이 힘들다.

특정인에 의해 좌우되는 인사가 아닌 공표되거나 묵계된 합리적인 내부규율에 의해 움직이는 인사가 돼야 올바른 조직 구축이 가능하다.

인사관리의 관행과 규칙이 엄격하게 확립돼야 중소기업에도 성과가 오르는가? 연구에 의하면 보상, 승진, 신뢰가 교육이나 훈련보다 더 좋은 인사관리 방법이다. 대기업과 다르게 직원의 개개인에 맞춰 유연한 인사관리가 중소기업의 복잡한 경영환경을 이길 수 있다.

-

이건희(국민대학교 경영학부 교수)

개선 시급한 기업결제제도

경제발언대 | 중소기업뉴스 | 2019-01-14

(서론)

금융결제원의 어음교환 통계에 따르면 2019. 1~9월까지 전국의 약속어음 거래금액은 약 498조 정도이고 전자어음의 거래량은 184조 정도이다. 아직 약속어음의 거래금액이 2.5배 정도로 많다.

누적된 부도규모를 보면 약속어음은 1218장, 1조1600억원, 전자어음은 1만6959건에 약 6800억원에 이른다. 약속어음의 부도가 건수는 적지만 금액은 약 2배이고 중소기업이 입는 금전적 피해도 크다.

(본론)

일반적으로 약속어음은 은행의 당좌예금에 기초해 발행된 종이어음을 말하고 전자어음과 구별된다. 전자어음은 '전자어음의 발행 및 유통에 관한 법률'에 의거, 전자적 방식으로 발행·유통되고 어음상의 권리를 가진다.

관리기관으로 금융결제원이 지정돼 전자어음의 등록·관리 등을 위한 전산시스템을 운영하고 있다. 따라서 전자어음을 발행하기 위해서는 금융결제원에 등록돼야 한다.

전자어음은 사고예방측면에서 백지어음의 발행과 배서는 불가능하고 지급지는 은행으로 한정돼 있다. 배서횟수는 20회로 제한하고 있지만 지나치게 과도하다. 실제로 거래상 2~3회가 가장 많아 중소기업을 위해 5회 이내로 줄이는 것이 바람직하다.

이러한 전자어음은 종이어음보다 발행, 유통, 관리비용과 인력이 절감되므로 편리한 자금결제 수단이다. 중요한 것은 발행자 별로 전자어음의 발행금액이 누적돼 전산집계되므로 그 발행한도를 통제할 수 있어 발행이 남발되는 것을 방지할 수 있다.

최근 들리고 있는 "약속어음을 폐지한다"는 얘기는 종이로 발행된 어음을 없애 중소기업의 자금수급에서 애로를 줄인다는 의미다. 선제적으로 현재의 어음

제도를 개선할 필요가 있다.

우선, 전자어음의 전면적인 확대이다. 종이어음을 없애고 전자어음으로 바꿔 관리를 효율적으로 해야 한다.

나아가 수표, 채권 등도 전자수표, 전자채권 등으로 전자화해 결제시스템이 투명하고 효율적으로 운영돼야 한다. 1인 자영업자나 경리에 익숙하지 않은 중소기업인을 위해 지속적인 교육이 이뤄져야 한다.

정부의 법 개정을 통해 어음의 발행만기 축소가 진행하고 있지만 조속히 90일로 축소해야 한다.

기업어음 때문에 1년은 중소기업을 고려하지 않은 부문이다. 향후에는 60일을 원칙으로 하고 변제가 어려운 경우 다시 발행돼야 한다. 만기가 길고 발행자가 자금이 없다면 채무금액이 늘어나 더 큰 피해가 발생할 수 있다.

배서인의 수도 현재 20인에서 5인 정도로 제한해 연쇄적인 부도를 최소한으로 막아야 한다. 악화가 양화를 구축하듯이 불량한 어음은 유통이 빨라 금융거래에 정보가 없는 자영업자에게 피해를 줄 수 있다. 채무자가 변제할 수 없다면 어음과 관련된 기업이 연쇄적으로 채무상환 압박에 몰리게 된다.

(결론)

마지막으로 모바일로도 결제할 수 있도록 새로운 지급거래시스템이 개발돼야 하고 시간의 제약 없이 전자어음이 가능하도록 준비돼야 한다.

거래방식은 손쉽고 간편해야 한다. 이는 최저임금으로 힘들어 하는 중소기업들을 조금이라도 돕는 시의성과 간편성을 갖추는 길이다. 직원이 줄어 중소기업 경영자들은 은행 갈 시간도 나지 않기 때문이다.

어음을 대체하는 금융제도는 일정기간 효과는 있지만 결국에는 돈이 창출돼야 지급결제가 이뤄진다. 채무자가 돈을 추가로 창출하지 않으면 시간의 차이만 있을 뿐 백약이 무효이다. 오히려 시간만 지연돼 부도의 가능성이 감춰지거나 선의의 피해자만 더 양산될 것이다.

이건희(국민대학교 경영학부 교수)

[FT칼럼]

금융시장의 대세는 디지털 협업

2020-10-20

신용카드사와 은행간 협업서 고금리 예금 창출
애플 등 거대 다국적 기업 금융진출 대비해야

(서론)

정보, 통신, 기술의 발달로 금융시장에서 디지털화로 인한 금융 플레이어들의 공동합작인 디지털 협업이 지배적인 흐름으로 등장함에 따라 새로운 업무처리 모델이 주목받고 있다. 금융회사의 영업장이 점차 축소되고 비대면 업무가 확장되고 있다. 또한 고객 요구가 다양화되고 간편한 앱을 활용한 금융처리를 선호하고 있어 새롭고 수익성 있는 금융업무 창출이 경쟁적으로 필요하게 되었다. 금융 플레이어의 범위도 확대되어 인터넷전문은행, 빅테크, 금융 공공기관, 금융투자회사, 일반 통신기업도 플레이어로 참가하고 있다. 세계적인 디지털화 추세에 따라 가속화되고 있고 협업도 다양한 결제, 예금, 신용평가, 신용정보 생산 등의 금융 분야에서 진행되고 있다.

(본론)

금융회사들이 디지털 협업을 영업 전략으로 택하고 있는 이유는 '1+1=3'로 되는 시너지 효과를 극대화하고 새로운 이미지를 창출함으로써 고객들에게 참신하게 마케팅할 수 있다는 점이다. 이러한 디지털 협업은 네트워크를 확장하는데 주안점을 둔 전통적인 업무제휴와는 범위나 내용에서 다르다

우리나라에서 진행되는 대표적인 사례를 보면 첫째, 신용카드사와 은행 간의

협업으로 연 5~7% 정도의 고금리 예금을 창출하는 것이다. 조건과 형식을 보면 은행의 기본금리에 카드이용실적, 급여이체, 신규고객 여부에 따라 우대금리가 제공된다. 신용카드를 신규로 발급 받거나 협업 은행의 첫 거래 고객인 조건도 있고 카드사들은 일정의 마케팅 비용을 지불하여 신규 고객을 확보하는 것이다. 카드사들이 캐시백, 포인트로 제공하던 비용을 예금상품의 금리로 제공한다.

또한 카드사와 핀테크 기업, 이동통신사와의 협업도 다양하게 이루어지고 있다. 카드사는 정보수집능력과 다량의 데이터를 보유하고 있어 디지털 기술에 특화된 핀테크 기업과 공동으로 상품 개발이 가능하다. 카드사가 핀테크 기업의 신용평가 시스템을 활용하여 스타트업 전용의 법인 신용카드를 비대면으로 발급하는 사례이다. 카드사가 핀테크 플랫폼과 연결하여 고객의 다양한 금융욕구를 충족시키기 위하여 핀테크 기업과의 협업이 필요하다. 카드사가 이동통신사와 협업하여 데이터 생산과 활용 사업이 추진되기도 한다. 카드사가 자영업자에 대한 신용평가 업무를 신규 수익원으로 확보하기 위해 신용평가 시장에 진출하고 있다. 방대한 가맹점 데이터와 분석 능력을 내세운 카드사의 시장 선점이 유리하게 될 것이다. 개인사업자의 상환능력을 평가하는 신용평가 모형과 가맹점 매출 데이터를 기반으로 한 매출모형을 이용할 수 있는 이점이 있기 때문이다.

여기에 핀테크 기업이나 빅테크 와의 디지털 협업이 추가된다면 새로운 업무 영업을 더 개발할 수 있다. 핀테크 기업의 네트워크와 고객 앱의 활용도를 결합해 미래성장 동력을 위하여 혁신적인 상품개발이 가능하다. 이와 같이 핀테크 플랫폼이 혁신금융 서비스를 만들고 지급결제는 카드사가 담당하는 협업은 고객 특성에 기반을 둔 맞춤형 프로그램을 만들고 중장기적으로 발전할 것이다. 최근 국내에 거주하지 않는 사람이나 외국인 거주자도 신용카드사를 통해 소액 해외송금 서비스가 추진되고 있어 카드사의 저렴하고 빠른 해외송금 서비스에 대한 고객 접근성을 확대하게 될 것이다.

최근에는 카드사가 새로운 본인 인증 기술에 대한 사업화를 추진하기 위하여 인증 기술 특화 핀테크 기업과 협업하고 있고 사회공헌과 환경보호 등 경영활동 강화에 빅데이터와 같은 디지털 기술을 적극 활용하고 있다.

핀테크 기업과 협업으로 소상공인에 더 다양한 금융서비스를 제공하고 소상공인을 위한 신용평가와 컨설팅서비스 등으로 발전하고 있다.

둘째 사례는 은행과 핀테크, 일반기업, 빅테크 등과 협업이다. 금융정보 활용을 상품으로 개발하기 위하여 은행과 핀테크 간의 디지털 협업이 대표적이다. 여러 은행과 연결된 핀테크와 협업으로 각 금융회사의 대출 상품 금리와 한도를 비교할 수 있다. 최근 네이버와 카카오 등 빅테크 기업들의 중소 상공인에 대한 금융업 진출이 확대되고 있다. 정통 은행들이 독자적으로 금융과 대출산업을 이끌었다면 이제는 이런 금융 플레이어와 협업을 강화하여 고객의 요구에 좀 더 편리한 서비스를 효율적으로 창출할 것이다. 은행고객들도 핀테크 기업 앱을 많이 이용하고 있기 때문에 기술을 개발하는 것보다 낮은 비용으로 마케팅을 할 수 있다. 디지털 협업은 어디서건 발생할 수 있으며, 회사나 브랜드에 국한되지 않고 시야를 넓혀 새로운 시장의 소비자에게 맞는 방식으로 접근할 필요성이 있다. 향후에는 새로운 플레이어들이 고객 채널을 잠식할 가능성이 높아지고 있다.

또 다른 사례로 은행이 부동산 대출, 주택담보대출 심사를 할 때 부동산 물건지 기준으로 등록된 대출 정보를 실시간으로 받아 중복 실행이나 주택대출 금액의 과다 산정을 방지하기 위하여 정보 회사와 협업하여 추진 중이다. 이러한 디지털 협업의 추세에 리스크도 있다. 핀테크의 야망이나 충동이 줄어들거나 고객의 선호도가 떨어지거나 관련 금융주체들 내에서의 시스템내 문제점이 발생하는 것이다. 혹은 협업한 주체들의 2개 브랜드가 혼란을 일으키는 경우 고객은 불편할 수 도 있다. 디지털 협업의 진행으로 제 3자의 이익을 해치는 경우가 발생하지 않도록 감독 당국은 원칙을 만들어야 한다.

(결론)

향후 글로벌 금융회사나 빅테크(BigTech)들도 국내시장에 진출하는 일도 발생할 것으로 예상되고 금융시스템의 공룡이 될 수도 있다. 구글, 애플, 페이스북, 아마존 등이 모든 금융분야에서 새로운 방법을 내놓는 것에 대비해야한다.

[이건희 한국신용카드학회 이사]

[FT칼럼]
카드회사의 개인사업자 신용평가는 좋은 기회

2021-10-05

(서론)

소상공인, 자영업자를 법적으로 통칭하는 말이 "개인사업자"인데 그 숫자가 약 660만 명 정도이고 경제적으로 큰 비중을 차지하고 있다. 최근 이러한 사업자에 대한 중금리 대출이 사회적으로 관심이 증가하고 대출을 하기 위한 신용평가가 중요해졌다.

그러나 개인사업자에 대한 금융정보가 불완전하여 정보의 비대칭성이 항상 문제가 되어왔다. 왜냐하면 정보의 비대칭성은 금융거래를 하기 전에는 불량한 사업자에 잘못 대출할 역선택을 발생시키고 대출한 다음에는 대출을 갚을 노력을 게을리하는 도덕적 해이(moral hazard) 문제를 발생시키기 때문인 데 그러한 문제를 전문적으로 해결하는 작업이 신용평가이다.

신용평가는 대출받은 자금을 갚을 능력을 여러 항목에서 점검하여 신용점수로 표시하는 데 담보, 보증서를 대체하거나 보완하는 수단으로 사용되고 있다. 신용평가가 정교하고 검증된 금융시스템으로 발전하면 국가 전체적으로 담보나 보증서의 필요성은 감소할 것이다.

(본론)

2020년 8월 신용정보법이 개정되어 개인사업자에 대한 신용평가 업무를 처음으로 신용카드사도 할 수 있게 되었다.

그러한 허가 배경에는 정부는 카드수수료 인하에 따른 카드사의 손실을 보전해주고 카드사들은 개인사업자의 매출데이터를 활용하여 실시간으로 신용평가가 가능하기 때문이다.

따라서 카드사는 신용카드를 신규 발급 시 활용하는 기존의 평가 업무를 확장하여 신용평가 데이터 분석에 활용할 수 있다. 즉 카드사가 보유한 가맹점 매출정보, 상권 위치, 연체 내용, 부정거래 이력 등을 감안하여 신용평가를 할수 있게 되었다.

최근에 신한카드가 개인사업자에 대한 신용평가를 영위할 예비허가를 획득하고 다른 카드사들도 금융당국에 신청을 추진하고 있다.

이러한 시점에 카드사는 기존의 신용평가기관, 은행, 핀테크 기업 등과의 경쟁이 치열하게 전개될 것이므로 다음과 같은 사항에 주의하여야 한다.

첫째, 신용카드사는 신용평가 업무에 경쟁력을 가지기 위하여 영업 측면에서 신속한 평가, 신뢰성, 보안성이 기본적으로 확립되어야 한다. 신속한 평가를 위한 자동화, 핀테크 기업이 활용하고 있는 머신 러닝(machine learning) 모델, 빅데이터를 활용하는 기법을 연구하여야 한다. 또한 적정한 평가 수수료와 평판이 유지되어야 한다.

둘째, 다른 평가기관과의 업무제휴, 합작 등의 전략적 방안이 필요하다. 평가기관에 따라 신용평가 모형이 조금씩 다르므로 신용점수의 차이가 발생할 수 있다. 따라서 카드회사는 이의 균형을 맞추기 위하여 다른 평가기관과 교류를 활발하게 추진하는 것이 필요하다.

셋째, 신용카드사는 개인사업자에 대한 신용평가를 활용하여 관련된 부수 업무를 확장하고 수익을 확보해야 한다. 인력이나 기기 확보에 필요한 영업비용이 증가함에 따라 수수료 수입과의 효율성 제고도 카드회사의 숙제이다.

개인사업자에 따라 평가할 금융 데이터가 적으면 다른 대안의 거래 정보를 활용하여 신용평가모델에 적용하는 방법을 개발하여야 한다. 이런 추세는 금융 이력이 적은 사업자를 위한 것으로 포괄금융 정책의 일환이다. 그러한 대안 정보는 통신정보, 유통정보, 사회적 네트워크 정보 등이다.

위와 같은 전략으로 카드회사는 수익업무의 범위를 점차 넓혀간다. 카드사는 소상공인, 자영업자를 이미 카드사의 고객으로 확보된 상황에서 개인사업자를 위한 중금리 대출, 제 3자에 신용평가 제공업무, 컨설팅 사업 등을 부수적인 업무로 추진하여 수익을 확대할 수 있다.

나아가서 국가 전체적으로 신용평가의 정확성을 바탕으로 하는 효율적인 경영 환경을 만들기 위하여 관련 주체들의 각자 책임과 융합이 필요하다. 즉 신용정보회사, 대출기관의 정확하고 즉각적인 자료 수집과 제공, 사업자들은 영업내용을 즉각적으로 정확하게 신고해야 하고 그러한 유기적인 협력이 신용평가 시스템의 선진화를 담보할 수 있다.

(결론)

신용평가 기관은 정보를 수집하여 차곡히 모아야 하고 자료제공자들은 즉각적으로 정확한 정보를 평가기관에 통보하여야 한다. 개인사업자들은 신용평가 보고서를 받아 정확성을 검토하여야 하며 이를 위한 법적인 규제도 마련되어야 한다.

[이건희 경영학박사(한국신용카드학회 이사)]

[FT칼럼]
금융시스템서 카드사 역할·기능 강화해야

기사입력 : 2019-05-16

신용카드 가맹점 수수료 산정 원칙 확립
빅데이터 사업 및 신용평가 업무 겸영도

(서론)

신용카드의 사용금액, 카드론 등의 규모는 2010년 대비 2018년에는 약 47%
증가하였다. 이러한 신용카드 산업은 경제활동의 지급결제와 중소기업대출의
금융산업으로 역할을 담당하여 왔다. 카드사가 제공하는 각종 혜택과 상품개
발, 편리성이 소비자의 구매를 증가시켜 가맹점의 매출을 증대시키고 정부는
세금을 효율적으로 더 확보하게 되었다. 그러나 최근 최저임금 인상으로 인한
소상공인의 부담을 줄이기 위하여 정부주도하에 영세, 중소가맹점에 대한 카드
수수료 인하가 카드회사의 경영을 어렵게 하고 있다. 카드업계의 수익을 축소
시켜 재투자와 확대 재생산을 약화시키고 미래를 위한 금융자본 축적을 줄이
고 있다. 따라서 카드회사는 다른 업무에서 이익을 보전하거나 비용을 절감하
기 위하여 여러가지 혼란과 이익을 둘러싼 갈등을 만들고 있다. 즉 신용카드회
사들은 자구책으로 인력을 감원하고 대형가맹점, 중형슈퍼, 중형병원, 통신사
들에 대한 수수료를 0.2 - 0.5% 포인트 올리는 협상을 시작하고 포인트 적립,
무이자할부, 할인제공 등 소비자 혜택을 축소시키고 있다. 카드관련 종사자나
영세한 결제전문 기관들도 수익감소와 인력 감축이 불가피하다. 카드사는 비용
을 절감하기 위하여 결제망을 제공하는 밴사의 수수료를 낮추고 밴사는 결제
업무를 대행하는 밴대리점에 비용을 전가하는 현상이 생기고 있다.

(본론)

2018년 중 8개 전업카드사의 당기순이익은 1조 4000억 원으로 가맹점수수료

와 카드론 수익으로 구성되어 있고 평균적으로 1개 회사당 약 1,750억 원 정도이다. 그러나 앞으로 이러한 수익은 점차로 축소되어 카드산업이 위축될 가능성이 높다. 이런 결과로 금융시스템의 균형이 깨지고 중소상공인이 많이 이용하는 카드론의 금리가 오르거나 위축될 수 있다. 따라서 금융시스템 위기를 방지하기 위하여 대책이 시급하다. 첫째, 카드수수료 산정 원칙을 확립하여야 한다. 카드사-가맹점-소비자-정부간 수익자부담 원칙과 가맹점이 부담하는 것이 합당한 비용인 공정한 비용이 산출되어야 한다. 이제는 금융당국도 카드가맹점과 카드사간 수수료율 협상에 직접 개입하는 것은 바람직하지 않다는 입장과 현행법상 적격비용 기반의 수수료율 산정원칙과 수익자부담 원칙의 틀내에서 자율적 합의를 통한 해결을 강조하여야 한다.

둘째, 카드회사의 수익성을 보전하기 위하여 빅데이터 사업과 신용평가 업무겸영도 가능해진다. 그러나 신규사업 진출에는 시간이 소요되기 때문에 신용카드 산업이라는 한축이 무너지지 않도록 은행이 소상공인과 영세중소기업에 대한 각종 수수료를 인하토록 하여 카드회사가 부담하는 수수료 인하분을 일부 부담하여야 한다.

(결론)

금감원 발표에 의하면 9개 금융지주회사의 2018년 말 당기순이익은 11조 6000억 원으로 8개 전업카드사 순이익의 10배나 되는 금액이다. 따라서 은행도 소상공인이나 중소기업을 우대하여 송금수수료를 낮추고 비용을 분담하여야 한다. 이로써 카드사의 수익감소를 줄여 카드사와 가맹점간의 경제적 이해 다툼과 혼란을 막고 영세한 개인과 중소기업대출인 카드론의 활성화도 이룰 수 있다.

[이건희 경기대학교 국제통상학과 외래교수]

[FT칼럼] 카드사에 마이페이먼트 영업 허가를

2020-04-27

마이데이터 기반 혁신적 카드상품 기대
간편결제 업체 마이페이먼트 경쟁 전망

(서론)

2019년 중 전체적인 카드 사용금액은 875조원으로 전년 대비 약 5% 증가하였다.
그러나 전업계 신용카드사의 순이익은 5.3% 감소하여 수익성이 악화되었는데 그 주요원인은 가맹점수수료 수익이 2,400억 원 가량 감소하고 자금조달 비용, 마케팅비용 등이 증가하였기 때문이다.

지난 몇 년간 신용카드사들이 소상공인이나 중소가맹점을 위하여 카드수수료를 인하한 것이 주요 원인이다.

나아가 최근 지급결제시장을 둘러싼 간편결제, 핀테크기업의 결제업무 진출, 은행과 핀테크기업과의 합작에 의한 새로운 결제방식의 확산 등으로 경쟁이 치열해짐에 따라 향후 카드사의 수익성이 줄어들 가능성이 높다.

(본론)

이러한 지급결제업무의 큰 변화는 첫째, 2019.12월 오픈뱅킹의 시행으로 시작되었다.
"오픈뱅킹"이란 은행이 보유한 고객의 계좌정보와 데이터를 고객본인에게 전산정보상 상시 공개하는 제도를 말한다.
이에 따라 은행고객은 하나의 은행 앱에 자신의 모든 은행계좌를 등록해 출금,

계좌간 자금이체 등을 편리하게 이용할 수 있다. 저렴한 비용으로 은행 정보조회, 지급결제 업무가 가능하기 때문에 혁신적이고 효율적인 서비스가 가능하다. 즉 고객들은 다른 은행으로 자금을 송금할 경우나 출금시 수수료가 절감되고 금리정보, 예금, 대출내용과 상품 조회 등 다양한 금융거래 이용도 편리하다.

오픈뱅킹은 개별 은행과의 제휴가 필요 없는 공동형 플랫폼으로 이루어지므로 오픈뱅킹 이용자는 시스템 접속만으로 참가한 은행의 결제망을 이용할 수 있어 지급결제 산업이 활성화될 것이다.

둘째, 오픈뱅킹과 연결되는 다음 단계는 마이데이터 활용이다.

오픈뱅킹의 은행간 계좌정보를 공유하는 시스템에서 발전하여 마이데이터는 고객의 모든 신용정보를 공유할 수 있게 되는 것이다.

"마이데이터'(My Data)" 서비스는 은행의 입출금과 대출 내역, 신용카드 사용 내역, 통신료 납부 내역 등 개인이 보유한 신용정보를 본인이 관리할 수 있도록 하는 업무이다.

이러한 업무는 은행, 핀테크기업, 카드사 등에 의한 경쟁에서 카드사가 자구책으로 허가를 요구하는 영업이다.

왜냐하면 신용카드회사는 고객의 카드 거래내역, 은행결제내역, 연체여부, 카드론 내용 등 풍부한 금융데이터를 집적하고 있고 데이터를 통해 새로운 서비스를 창출할 수 있기 때문이다. 고객은 본인의 신용도, 예금, 대출 등과 유사한 소비자들이 가입한 금융상품의 조건을 비교할 수 있게 되고 금융 플랫폼 육성을 위한 기초자료를 제공하고 있다.

개인은 각 금융회사에 흩어져 있는 자신의 정보를 한 곳에서 확인하고 이 정보를 제공해 맞춤형 금융서비스를 추천받을 수 있다.

이러한 마이데이터 산업이 본격화되면 다양한 형태의 금융서비스가 제공될 것이다.

데이터 3법 개정에 따라 간편결제 사업자도 마이데이터 산업 진출이 가능해지면서 카드사와 간편결제 업체 간 경쟁이 더욱 치열해질 전망이다.

"마이데이터 산업"을 둘러싸고 정보의 당사자, 금융회사, 개인신용평가 기관 등은 금융거래정보와 세금, 보험료 등 납부정보 등을 활용할 수 있다.

마이데이터 산업의 확장과 발전을 위해서는 다양한 업종의 금융회사가 참여하여 금융 수준을 선진국 수준으로 발전시키는 계기를 마련하도록 해야 한다

 셋째, 이러한 마이데이터를 바탕으로 연결되는 영업업무는 마이데이터를 활용해 결제하는 "마이페이먼트(My payment)"업무이다.
마이페이먼트는 소비자가 가맹점에서 물건을 사면 은행의 소비자 계좌에서 가맹점 계좌로 바로 입금해주는 방식이다.

이 과정에서 발생하는 수수료는 현재의 신용결제 방식보다 저렴하고 소비자는 모든 계좌를 통해 직접결제가 가능해지고 가맹점들은 카드사에 지불했던 각종 수수료를 줄일 수 있다.

정부는 마이페이먼트 사업 확대를 위해 지급결제를 위한 관련 제도를 도입할 예정으로 있다.

이 업무는 일련의 연결되는 비지니스로 결제정보를 많이 가진 카드사에도 허가되어야 한다. 그래서 카드수수료 인하 등으로 수익이 악화된 카드사의 발전에 주요한 계기가 되어야 한다.

마이페이먼트는 카드사 위주의 신용결제 서비스를 발전시킨 결제방식이다. 또한 카드사는 신용매출, 카드론 대출 등을 관리하고 있어 대출업무에 대한 정보도 다른 금융회사처럼 결제시스템이 완비되어 있어 활용이 가능하다.

넷째, 이러한 마이데이터-마이페이먼트로 연결되는 금융혁신에 따라 최종적으로 이루어지는 영업모델은 신용평가업무이다.
카드사들은 신용정보회사와 협업하여 가맹점 업종과 매출을 기반으로 산출된 정보를 금융회사에 제공하는 정보서비스를 출시하고 있다.

(결론)

신용카드회사는 축적된 결제데이터 즉 가맹점의 매출규모와 매출변동 추세, 업종과 상권의 성장성을 분석해 기존 신용평가 모델이 간과했던 개인사업자의 상환 능력까지 반영하는 정교한 평가모델을 구축할 수 있다.

이러한 업무의 연결은 연속된 비지니스로 많은 개인의 거래정보를 가지게 되는 신용카드회사에 적합한 혁신 서비스로 추진되어야 한다.

만일 신용카드회사가 그러한 값진 정보를 활용하지 못한다면 정보의 방치로 정보사회의 효율성이 감소될 것이다.

[이건희 한국신용카드학회 이사]

[FT칼럼] 가상화폐의 본질과 전개
[한국금융신문]

기사입력 : 2021-06-14

젊은 세대에겐 매력적이고 신화 같은 비트코인 투자
외국 시장보다 높은 가격 거래 집단 이성으로 막아야

(서론)

비트코인은 2008년 정도에 기술적인 정보처리 방법에 따른 가상적인 화폐로 등장하였다. 시작될 당시에 법정 화폐의 대체물로 등장한 것은 아니며 새로운 형태의 전자화폐이었다.

초기에는 인플레이션의 영향을 받지않는 피난장소로 간주되었고 금융위기 시대에는 금융 시스템이 은행에 과도하게 의존하는 것을 줄일 수 있도록 전개되었다고 알려져 있다. 최근 이러한 가상화폐의 거래가 전 세계적으로 증가하게 되었다.

비트코인으로 대표되는 가상화폐에 투자하는 이유는 여러 가지가 존재한다. 주식시장의 변동성이 낮아 수익이 적다고 느끼는 위험자산 투자자, 규제가 없고 변동성이 높아 헤지펀드를 운용하는 투자자, 투자 포트폴리오 관리자, 자금 세탁이나 불법적인 대금 결제를 위하여 매입하는 거래자 등이다.

그러나 가상화폐의 본질은 위험자산이다. 가격의 변동성이 너무 크기 때문이다. 이러한 변동성을 유발하는 위험 요소들은 거품이 아닌가 하는 의심, 자유롭게 거래되지만 역설적으로는 관리 주체가 없다는 불안감, 거래상의 사기나 도난, 거래소에 대한 해커의 공격, 정부에 의한 규제 등이다.

가상화폐 투자에서 생길 수 있는 버블은 폭발한다. 일반적으로 이해하기 힘든 고율의 수익성은 매혹적인 마법에 걸린 것처럼 불확실한 가상화폐에 투자하도록 주술에 걸리도록 만들고 있다.

정부의 입장에서는 중앙은행이 독점적으로 발행하던 화폐를 블록체인이 그런 역할을 대신하여 가상화폐를 발행하는 것을 규제하고자 한다.

최근 미국과 중국의 가상화폐 규제가 본격화되고 있다. 미국 재무부가 1만 달러 이상의 가상화폐를 거래할 때 국세청에 신고하도록 추진하고 있고 중국은 채굴과 거래까지 금지하고 있는데 자본유출(capital flight)을 방지하려는 방안이기도 하다. 홍콩에서는 전문투자자만 가상화폐 거래소를 이용하도록 추진하고 유럽중앙은행은 가상화폐 거래소에 불법 거래 추적 장치를 마련하고 있다. 한국도 자금 세탁 방지와 과세 등을 위하여 관련 규제 방안을 검토하고 있다. 향후 가상화폐거래소가 영업하기 위하여 은행으로부터 실명 입출금 계좌를 받도록 하는 방안도 추진되고 있다.

이와 같이 전 세계적으로 가상화폐가 규제되고 있는 현황은 국가별로 운영되는 시장과 거래소에 따라 이루어지고 있다.

비트코인과 같은 가상화폐는 어느 국가나 기관에 소속되지 않기에 가치의 기반이 모호하다. 표준적이거나 글로벌한 가격은 없다. 국가마다 다르고 거래되는 지역의 시장의 수요와 공급에 따라 결정된다.

(본론)

이런 측면에서 가상화폐의 본질과 전개 양상을 파악하면 다음과 같다.

첫째, 가상화폐의 내재가치를 측정하기가 어렵다는 것이다. 일반적인 금융자산의 내재가치는 기초적 분석에 의하여 산출되고 기술적인 분석을 수단으로 가격등락을 알아 내는 것이지만 가상화폐는 불확실성에 기초하기 때문에 가치를 산정하기 힘들다. 자산의 가격은 그 자산의 미래결과에 대한 오늘 현재시점의 예측이지만 미래결과가 불확실성에 기초하고 있는 경우 산정하기 어렵기 때문이다.

둘째, 금융전문가를 포함하여 새롭게 등장한 대규모의 집단 투자자층이 참여하고 있다. 개인적인 믿음보다 집단적인 믿음이 유포되어 다른 사람의 믿음에 의

존하는 측면이 존재한다. 따라서 홀로 이성적인 투자자로 될 수 없고 많은 비트코인 투자자들이 행하는 투자 거래형태가 시장의 합리성을 압도하고 있다.

셋째, 한국에서는 부동산 거래에 의한 엄청난 마술적 이익이 발생하고 있는 바 이러한 이익에 참여하지 못한 2030세대가 가상화폐에서 회복하려는 욕구를 보인다. 그동안 경제적으로 소외되었다고 생각하는 심리적 보상을 쟁취하려는 욕구가 분출되는 결과로 보인다. 따라서 한국에서는 급증하는 투자자로 인하여 비트코인이 외국 시장보다 더 높은 가격에 거래되고 있다.

이러한 가상화폐 시장의 이익추구는 경제적 사정에 따라 그 전개되는 양상과 제도가 다르다. 그러나 일반적으로

가상화폐에 대한 투자는 손실보다 이익이 적은 역 제로섬게임이다. 왜냐하면 현금흐름의 유입이 없고 배당금도 없고 막대한 채굴비용만 있어 그 가치가 줄어들기 때문이다.

긍정적인 측면을 보면 디지털 시대가 보편화하면 종이 화폐가 디지털 화폐로 바뀌고 중앙은행의 일정한 규제하에 가상화폐 시장이 활성화 될 수도 있다.

즉 가상화폐가 변동성이 높다고 교환수단의 기능이 없어지는 것은 아니고 가치저장의 역할도 존재하기 때문이다.

(결론)

이러한 가상화폐 시장은 사회경제적 문제로 번질 수 있어 냉철한 이성을 가진 투자자들이 비정상적인 투자 시장으로 발전하는 것을 집단 이성으로 막아야 한다. 더욱 중요한 것은 변동성이 줄어들고 시장이 횡보하면 이익의 원천이 사라지게 되어 자연스럽게 가상화폐 시장이 균형을 잡을 수 있다.

[이건희 한국신용카드학회 감사]

[FT칼럼] 신용카드사의 금융마케팅 전략

2021-03-17

금융권 가운데 가장 역동적이고 경쟁 치열
모바일 플랫폼 활용 효율적 마케팅 활성화

(서론)

금융회사의 마케팅은 고객의 신뢰를 얻는 기본적인 목적을 가지는 데 그러한 신뢰는 오랜 시간에 걸쳐 브랜드, 광고, 광고모델, 사고 발생 여부, CEO의 경영능력과 이미지 등에 의하여 형성된다.

특히 브랜드에 대하여는 마케팅의 중요 요소로 소비자들의 참여, 미디어 매체, 사회공헌의 정도를 측정하여 브랜드 지수가 만들어진다.

이런 지수를 중심으로 고객들의 인기도를 측정할 수 있다.

이에 마케팅 기법을 활용하면 카드의 인기와 매력도를 가속화시킬 수 있다. 카드회사는 고객과의 관계가 거의 완전 경쟁시장에 가깝고 시장가격이 마지널 코스트인 한계비용과 같을 경우 이익이 최대화된다.

(본론)

카드회사는 어느 금융회사보다 마케팅이 치열하다. 특히 2021년 4월부터 후불결제 서비스가 선불업자에 의하여 시행되면 경쟁은 더욱 더 치열할 것으로 예상된다.

이는 신용카드를 발행하지 않고 선불전자지급수단을 기반으로 하는 후불결제 업무로 특례가 이루어지는 방안이다.
이러한 경쟁속에서 마케팅을 전개하는 과정중 가장 먼저 실시하는 기초적인 작업은 카드거래의 회수와 금액을 기준으로 목표 고객들을 분류하는 것이다.

이러한 기본적인 자료 분석 기반위에 카드회사의 마케팅 전략은 고객의 신뢰를 얻어 새로운 고객을 유치하거나 기존 고객을 유지하는 것인데 다음의 4가지 정도로 세분화할 수 있다.

첫째, 하나의 동일집단을 대상으로 고객을 유치할 때는 그에 맞는 개별적 카드가 특별히 창안되어 제공되어야 한다.

그래야 비용대비 효과를 분석할 수 있고 수정이나 개선할수 있고 수익을 계산하기 편하다. 마케팅이 불리한 경우 철수하기도 편하다.

둘째, 마케팅과 대출이라는 편익을 통합하여 고객을 관리한다. 수익성과 리스크를 동시에 감안하는 전략을 고객에 대하여 구사하는 것이다. 편익의 측면에서 편리한 혜택과 기능을 개발하여 고객에 제공한다.

예를 들면 롯데카드의 "스쿨뱅킹 자동납부 서비스"이다. 전국 초·중·고등학교의 수업료, 급식비 등을 롯데카드로 등록해 편리하게 납부할 수 있는 서비스를 제공하는 것이다.

기업과의 제휴 카드도 효과가 크다. 삼성카드가 서울대학교와 인공지능 산학을 위한 협약을 체결하는 것이나, BC카드가 경희대와 빅데이터를 활용하기 위한 산업발전 업무 협약을 체결하는 사례이다.

신한카드·비자카드사의 스타트업 컨설팅 협약제공으로 창업기업을 지원하고 육성하는 것인데 신한카드는 VISA회사의 스타트업 기업 지원 프로그램을 통해 사내벤처의 추진을 협업하는 것이다.

기업과 공동하는 마케팅 할인카드도 이런 기법이다. 카드사의 미용실과 실시하는 할인 이벤트나 기업체와 현장 할인 이벤트를 진행하거나 카드사가 배송 업체와 공동으로 카드를 출시하는 사례이다.

지역에 특화된 카드를 만드는 방안도 해당된다. 전북은행은 "전주 특화 카드"를 창안하고 전주서 사용하면 캐시 백을 제공하는 서비스를 제공한다. 이 카드를 사용할 경우 전주시에 특화된 생활 밀착 서비스 혜택도 제공한다.

셋째, 안전하고 수익성 높은 고객을 리스크 없이 분리하여 관리하고 추가로 유치한다. 이런 경우에는 중간 계층의 고객에 집중하여야 효과가 극대화된다.

방대한 데이터를 기반으로 한 맞춤형 상품개발 및 서비스에 집중한다. 기존 고객의 카드 사용금액을 확대하도록 추진한다.

매월 사용하는 금액을 기준으로 고객을 3등분 하여 많이 사용하는 고객, 중간층, 사용금액이 적은 고객군으로 분리하여 대응한다.

거래의 사용횟수가 적은 고객은 사용을 권장하고 사용금액이 많은 고객일수록 가맹점의 이벤트 정책이나 혜택을 신속히 알리거나 추가한다.

휴대폰 사용이 증가함에 따라 모바일 플랫폼을 효율적으로 편리하게 시각적으로 잘 꾸미는 것이 필요하다.

이러한 플랫폼은 "일상생활에 도움 되는 플랫폼"으로 발전되고 있기 때문에 생활의 어떠한 내용을 포함해야 고객의 호응을 부를까? 하는 문제에 집중해야 한다.

친환경, 소액 후불 결제, 금융소외 계층 등의 편의성을 제고하는 것이 하나의 방안이고 다른 플랫폼에서 볼 수 없는 기능이 추가된다면 마케팅의 승자가 될 것이다.

업무제휴를 통하여 비즈니스 플랫폼, 핀테크 등 ICT기술을 활용해 시장 변화에 공동 대응할 수도 있다.

구체적으로 협업기업의 비즈니스 플랫폼을 연동하거나 신용평가 모델과 금융 데이터를 활용한 신규 서비스, 공동마케팅도 필요하다.

기업은행은 스마트폰을 카드결제 단말기로 이용할 수 있는 상품개발을 통하여 카드결제, 간편결제(Pay) 등 기본적인 결제 기능뿐만 아니라 카드사별, 시간대별, 메뉴별 매출 확인도 가능하도록 제공하고 있다.

이러한 기능을 통하여 비대면 신용대출 신청, 정책자금 조회, 모바일 입출식 계좌 개설 등 금융 기능도 이용할 수 있다.

또한, 신한카드는 쇼핑 정보와 상품별 방송정보을 중심한 사내벤처 기업을 분사하는 육성 프로그램을 운영하고 있다.

넷째, 고객의 요청을 받아주지 못하면 반드시 대안을 제시하여야 한다.

특히 카드회원이 사용 한도를 올리는 것을 요구하거나 법인카드를 요청할 경우 이런 방법으로 잘 대처해야 한다.

(결론)

신청자의 월 결제능력을 고려하고 신용등급을 고려하여 신용카드 한도를 설정하고 매년 적정 여부를 심사하여야 하고 관련 규칙을 준수하여야 연체 발생을 줄일 수 있다.

나아가 최근에는 신용카드사의 전방위 마케팅 전략이 지속해서 성공하기 위하여 미디어와의 소통방법을 잘 익히고 이용하는 것이 필요하다.

[이건희 한국신용카드학회 감사]

[FT칼럼] 금융시장의 대세는 디지털 협업

기사입력 : 2020-10-19

신용카드사와 은행간 협업서 고금리 예금 창출
애플 등 거대 다국적 기업 금융진출 대비해야

(서론)

정보, 통신, 기술의 발달로 금융시장에서 디지털화로 인한 금융 플레이어들의 공동합작인 디지털 협업이 지배적인 흐름으로 등장함에 따라 새로운 업무처리 모델이 주목받고 있다. 금융회사의 영업장이 점차 축소되고 비대면 업무가 확장되고 있다. 또한 고객 요구가 다양화되고 간편한 앱을 활용한 금융처리를 선호하고 있어 새롭고 수익성 있는 금융업무 창출이 경쟁적으로 필요하게 되었다. 금융 플레이어의 범위도 확대되어 인터넷전문은행, 빅테크, 금융 공공기관, 금융투자회사, 일반 통신기업도 플레이어로 참가하고 있다. 세계적인 디지털화 추세에 따라 가속화되고 있고 협업도 다양한 결제, 예금, 신용평가, 신용정보 생산 등의 금융 분야에서 진행되고 있다.

금융회사들이 디지털 협업을 영업 전략으로 택하고 있는 이유는 '1+1=3'로 되는 시너지 효과를 극대화하고 새로운 이미지를 창출함으로써 고객들에게 참신하게 마케팅할 수 있다는 점이다. 이러한 디지털 협업은 네트워크를 확장하는 데 주안점을 둔 전통적인 업무제휴와는 범위나 내용에서 다르다

(본론)

우리나라에서 진행되는 대표적인 사례를 보면 첫째, 신용카드사와 은행 간의 협업으로 연 5~7% 정도의 고금리 예금을 창출하는 것이다. 조건과 형식을 보면 은행의 기본금리에 카드이용실적, 급여이체, 신규고객 여부에 따라 우대금리가 제공된다. 신용카드를 신규로 발급 받거나 협업 은행의 첫 거래 고객인

조건도 있고 카드사들은 일정의 마케팅 비용을 지불하여 신규 고객을 확보하는 것이다. 카드사들이 캐시백, 포인트로 제공하던 비용을 예금상품의 금리로 제공한다.

또한 카드사와 핀테크 기업, 이동통신사와의 협업도 다양하게 이루어지고 있다. 카드사는 정보수집능력과 다량의 데이터를 보유하고 있어 디지털 기술에 특화된 핀테크 기업과 공동으로 상품 개발이 가능하다. 카드사가 핀테크 기업의 신용평가 시스템을 활용하여 스타트업 전용의 법인 신용카드를 비대면으로 발급하는 사례이다. 카드사가 핀테크 플랫폼과 연결하여 고객의 다양한 금융욕구를 충족시키기 위하여 핀테크 기업과의 협업이 필요하다. 카드사가 이동통신사와 협업하여 데이터 생산과 활용 사업이 추진되기도 한다. 카드사가 자영업자에 대한 신용평가 업무를 신규 수익원으로 확보하기 위해 신용평가 시장에 진출하고 있다. 방대한 가맹점 데이터와 분석 능력을 내세운 카드사의 시장 선점이 유리하게 될 것이다. 개인사업자의 상환능력을 평가하는 신용평가 모형과 가맹점 매출 데이터를 기반으로 한 매출모형을 이용할 수 있는 이점이 있기 때문이다.

여기에 핀테크 기업이나 빅테크 와의 디지털 협업이 추가된다면 새로운 업무영업을 더 개발할 수 있다. 핀테크 기업의 네트워크와 고객 앱의 활용도를 결합해 미래성장 동력을 위하여 혁신적인 상품개발이 가능하다. 이와 같이 핀테크 플랫폼이 혁신금융 서비스를 만들고 지급결제는 카드사가 담당하는 협업은 고객 특성에 기반을 둔 맞춤형 프로그램을 만들고 중장기적으로 발전할 것이다. 최근 국내에 거주하지 않는 사람이나 외국인 거주자도 신용카드사를 통해 소액 해외송금 서비스가 추진되고 있어 카드사의 저렴하고 빠른 해외송금 서비스에 대한 고객 접근성을 확대하게 될 것이다.

최근에는 카드사가 새로운 본인 인증 기술에 대한 사업화를 추진하기 위하여 인증 기술 특화 핀테크 기업과 협업하고 있고 사회공헌과 환경보호 등 경영활동 강화에 빅데이터와 같은 디지털 기술을 적극 활용하고 있다.

핀테크 기업과 협업으로 소상공인에 더 다양한 금융서비스를 제공하고 소상공인을 위한 신용평가와 컨설팅서비스 등으로 발전하고 있다.

둘째 사례는 은행과 핀테크, 일반기업, 빅테크 등과 협업이다. 금융정보 활용을 상품으로 개발하기 위하여 은행과 핀테크 간의 디지털 협업이 대표적이다. 여러 은행과 연결된 핀테크와 협업으로 각 금융회사의 대출 상품 금리와 한도를 비교할 수 있다. 최근 네이버와 카카오 등 빅테크 기업들의 중소 상공인에 대한 금융업 진출이 확대되고 있다. 정통 은행들이 독자적으로 금융과 대출산업을 이끌었다면 이제는 이런 금융 플레이어와 협업을 강화하여 고객의 요구에 좀 더 편리한 서비스를 효율적으로 창출할 것이다. 은행고객들도 핀테크 기업 앱을 많이 이용하고 있기 때문에 기술을 개발하는 것보다 낮은 비용으로 마케팅을 할 수 있다. 디지털 협업은 어디서건 발생할 수 있으며, 회사나 브랜드에 국한되지 않고 시야를 넓혀 새로운 시장의 소비자에게 맞는 방식으로 접근할 필요성이 있다. 향후에는 새로운 플레이어들이 고객 채널을 잠식할 가능성이 높아지고 있다.

또 다른 사례로 은행이 부동산 대출, 주택담보대출 심사를 할 때 부동산 물건지 기준으로 등록된 대출 정보를 실시간으로 받아 중복 실행이나 주택대출 금액의 과다 산정을 방지하기 위하여 정보 회사와 협업하여 추진 중이다. 이러한 디지털 협업의 추세에 리스크도 있다. 핀테크의 야망이나 충동이 줄어들거나 고객의 선호도가 떨어지거나 관련 금융주체들 내에서의 시스템내 문제점이 발생하는 것이다. 혹은 협업한 주체들의 2개 브랜드가 혼란을 일으키는 경우 고객은 불편할 수 도 있다. 디지털 협업의 진행으로 제 3자의 이익을 해치는 경우가 발생하지 않도록 감독 당국은 원칙을 만들어야 한다.

(결론)

향후 글로벌 금융회사나 빅테크(BigTech)들도 국내시장에 진출하는 일도 발생할 것으로 예상되고 금융시스템의 공룡이 될 수도 있다. 구글, 애플, 페이스북, 아마존 등이 모든 금융분야에서 새로운 방법을 내놓는 것에 대비해야한다.

[이건희 한국신용카드학회 이사]

[FT칼럼] 코로나 극복에 유용한 카드사 정보

기사입력 : 2020-08-05

상공인 지원 합리적 신용 등급 서비스 제공
 신용카드 결제정보 활용 금융정보 고도화 기여
 카드 지급업무 활성화로 금융시장 활력 기대

(서론)

신용카드사의 정보는 코로나 극복에 필수적이다
신용카드사의 업무가 심화되고 다양화되면서 국민소득의 증대에 기여한 공헌은 크다. 단기적이고 무담보의 물품 판매대금 대출, 세금혜택과 세원 투명화, 결제의 간편함 등의 이유로 현금을 사용하는 것보다 편리하여 민간의 소비를 증가시키기 때문이다. 여신금융협회의 자료에 따르면 민간소비지출 총액에서 신용카드 이용금액이 2019년에 72%에 이르고 있다. 이러한 소비 증대효과로 인하여 국가들은 카드의 활용을 늘리는 금융시스템을 구축하고 이와 관련된 금융 업무는 글로벌한 경제에서 중요한 위치를 차지하고 있다. 최근에는 업종별 소비변화를 분석하고 침체업종과 지역별 폐업 등을 알 수 있는 정보를 제공하고 카드 결제정보 공유로 코로나 확진자의 동선을 추적하는 역할을 담당하기도 한다.

(본론)

그러나 최근 카드사는 여러 금융 주체들의 비슷한 활동으로 치열한 경쟁에 휘말리고 있다.

특히 정보통신기술의 발달에 힘입어 금융 분야에서의 업무제휴로 신상품 개발의 촉진되고 있는 데 카드사, 은행, 저축은행, 핀테크 기업, 빅테크(구글, 네이버, 카카오 등)의 플랫폼 기업, 인터넷전문은행 등이 경쟁과 협업에 의한 것으로 다음의 양상을 보이고 있다.

첫째, 저금리 시대가 지속되는 가운데 카드사와 은행이 협업한 연 5~7% 사이의 고금리 예금상품이 등장하고 있다. 그런 상품들의 대부분은 예금주의 제한이나 매월 일정 금액이상의 카드 사용이라는 조건이 일반적으로 제시되고 한시적인 상품임을 명시하고 있다. 그러한 고금리 예금 상품들은 은행과의 윈-윈하는 시너지 효과를 발휘해 고객들에게 혜택을 주려는 영업전략이다.

또한 연 매출액 3억 원 이하의 영세가맹점이 토·일요일에도 카드매출대금 일부를 대출형식으로 지급받아 운영자금으로 활용할 수 있도록 주말 대출서비스가 제공되고 있다. 영세가맹점의 사업주는 카드사로 부터 주말에도 운영자금을 지급받을 수 있도록 제도가 시작되고 있다. 그 동안 휴일에 카드사가 영업을 하지 않아 매출 판매대금을 받지 못해 대부업 등에서 대출을 이용해야만 했던 영세가맹점의 부담이 줄어들 것으로 기대된다.

따라서 영세가맹점은 목요일부터 일요일까지 발생한 카드승인액의 일부를 2영업일 후에 받는 기존의 불편함을 해소할 수 있게 된다.

둘째, 소상공인과 중소기업에 대한 대출을 더 신속하고 효율적으로 하기 위하여 카드사가 신용평가 정보를 제공하고 있다. 카드사가 가진 여러 가지 정보를 이용하여 소상공인에게 보다 합리적인 신용 등급을 제공해주는 서비스이다. 카드결제 정보와 연체내역, 부도 관련정보, 가맹점에서 발생하는 데이터를 바탕으로 소상공인에 대한 신용평가를 보다 정확하게 할 수 있게 도와 준다. 이러한 서비스는 전반적인 금융시스템에서 평가기준으로 활용이 가능하고 개인의 신용등급처럼 제도화되어 빠른 대출결정을 할 수 있다.

나아가 정확한 수입을 확인하기 어려운 소상공인은 카드사의 매출액, 업종의 상권 흐름 등의 정보를 바탕으로 보다 유리하고 합리적인 신용등급을 받을 수 있게 된다.

소상공인 지원을 위한 카드사의 마이데이터 사업이란 소상공인과 관련된 데이터를 스스로 마련, 가공, 활용해 관련 기업들이 정책을 개발하는 것이다. 카드사들은 이미 상당한 정도의 시스템을 준비하고 있다.

어떤 신용카드사는 매출액, 상권의 내용, 부동산 거래정보에 소상공인이 직접 제공하는 권리금, 임대료 등 데이터를 통합하여 저평가된 소상공인의 신용평가를 합리적으로 제공할 예정이다.

셋째, 카드이용 내역은 오픈뱅킹 시스템에서 개인에게 중요한 정보이기 때문에 카드사는 소외되어서는 안 된다. 오픈뱅킹에 참여하는 금융회사는 계좌가 있어야 한다는 규제가 있지만 카드번호도 일종의 계좌로 볼 수 있다는 금융상 해석이 인정된다면 가능하다. 카드사의 카드번호도 넓은 의미에서 계좌의 일종으로 결제와 현금서비스도 그 번호로 발생하기 때문이다.

2020.8.5.일 부터 금융분야 마이데이터 사업을 영위하기 위해서는 금융위원회로부터 허가를 받아야 한다. 카드사의 오픈뱅킹 진입이 허용되면 주요 수익다각화 모델로 주목 받고 있는 '마이데이터' 사업관련 서비스 개발도 확장될 것이다.

그렇지 않다면 반쪽짜리 시스템으로 이용자에게 불편을 초래할 가능성이 높고 은행의 경우에도 상품개발의 폭이 제한될 것이다.

금융소비자들은 일상적으로 카드사의 결제정보를 가장 자주 접하기 때문에 오픈뱅킹 참여는 필요하다.

넷째, 대출부실 점검과 보안 강화이다. 코로나 사태를 맞이하여 카드사의 대출이 증가하고 있다. 코로나 사태로 인하여 7개 전업카드사 2020년 3월 카드론 이용액은 4조 3,242억 원으로 2019년 대비 25.6% 증가하였다. 이런 급격한 대출증가는 신용카드사들의 자산건전성에 문제가 될수 있다. 코로나19 확산으로 경기 침체가 이어지는 가운데 은행권 접근이 어려운 중·저신용자들이 카드론을 주로 이용하기 때문이다. 금융을 받은 저신용자 계층이 대출 상환에 어려움을 겪을 경우 카드사의 건전성에 영향을 미칠 수 있다. 또한 전산상 보안이 강화되어야 할 시점이다.

전자금융거래가 부정한 방법으로 이루어지는 경우 적극적인 보안장치가 작동되어야 하고 국외에서의 해킹이나 불량한 정보유입도 막아야 한다. 또한 새로운 인증수단이 시행되는 과정에서 불법적인 경로로 개인정보를 취득하는 경우 이를 도용해 발생하는 부정결제 사고가 발생할 가능성이 늘어나고 있다.

금융회사의 IT부문 아웃소싱이 확대되고 전자상거래, 정보통신기술 기반의 빅테크가 금융산업에 진출함에 따라 이러한 리스크는 심화될 것이다.

(결론)

개인 소비자에 가장 밀접한 카드사들은 플랫폼을 바탕으로 영업하는 핀테크 기업과 경쟁에 직면해 있다. 이에 획기적으로 경쟁력을 강화하고 카드 결제정보를 활용하여 금융정보의 고도화와 지급업무 활성화로 금융에 활력을 불어넣어야 한다.

[이건희 한국신용카드학회 이사]

금융이론
취업·실무

1판 1쇄 발행 2022년 2월 7일

지은이 이건희

펴낸곳 하움출판사
펴낸이 문현광

주소 전라북도 군산시 수송로 315 하움출판사
이메일 haum1000@naver.com   **홈페이지** haum.kr

ISBN 979-11-6440-934-1 (93320)

좋은 책을 만들겠습니다.
하움출판사는 독자 여러분의 의견에 항상 귀 기울이고 있습니다.